劉雲山
參與三大政變

I0128354

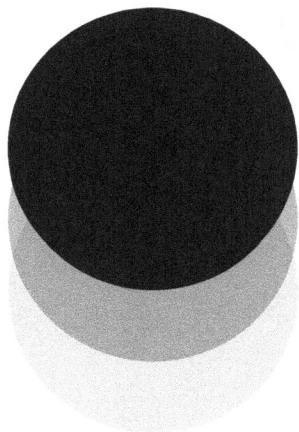

作者／王淨文、季達

目錄

劉雲山參與三大政變

第一章

被江澤民硬塞進常委

18大前夕，為了避免江澤民窮凶極惡地搞「魚死網破」，胡錦濤妥協讓張德江、劉雲山、張高麗三人入常。儘管民主黨派四度上書反對劉雲山入常，18大選舉結果劉雲山得票也過低，最終仍被江硬塞進常委以掌控中共的宣傳口。

中共政治局三名江派常委（左起）張高麗、劉雲山和張德江。
（Getty Images）

第一節

18 大常委名單的突變

2015 年 12 月底，就是人們開始熱議 19 大政治局常委候選人時，海外卻傳出三年前中共 18 大政治局常委名單出籠的黑幕：由於各派鬥爭激烈，經過「五上五下」之後都難以取得共識，以至於在 2012 年 11 月 15 日官方宣布常委名單時，讓全世界多等了一個小時。

2012 年 9 月，當時中共還未開 18 大，也未選出中共中央委員會，但中南海各方早已「外洩」了不同版本的政治局常委名單，以便輿論先行。在外界盛傳的由 7 人組成的中共政局常委名單中有三個方案：

1. 習近平、李克強、王岐山、俞正聲、劉雲山、張德江、張高麗。

2. 習近平、李克強、王岐山、李源潮、劉雲山、張德江、張

高麗。

3. 習近平、李克強、王岐山、李源潮、張德江、汪洋、張高麗。

《爭鳴》2012 年 11 月號曾報導說，從 2011 年 10 月 17 屆六中全會後，在中共政治局內部、中共中央委員內部、準中共中央委員、準候補中央委員及八大民主黨派中央內，對常委名單至少已有「五上五下」討論，但難能統一協調成一份中共內部大多數接納、大多數支持的名單。

報導稱，據知，中共黨內上層、黨內基層及民主黨派、社會各界對劉雲山、張德江、張高麗等多名候選人的反響、評價都很差。胡錦濤、溫家寶承認最擔心、最憂慮的是「帶病晉升」成了慣例。

2012 年 11 月 15 日，中共 18 大召開一中全會，要選出決定未來五年政治最高權力機構、政治局常委的名單。在拖延了一小時候，人們才看到習近平帶領李克強、張德江、俞正聲、劉雲山、王岐山、張高麗，7 人走上舞台。習對中外媒體開口第一句就是：「對不起，讓大家久等了。」

港媒《太陽報》當時報導稱，當天選舉政治局常委時出了麻煩。傳言說，大多數後來選出的常委得票不過半數，不得已只好又連選了兩次，7 人新架構才得以勉強選出。文章稱，如傳言屬實，則是非常嚴重的問題。在等額選舉的前提下，7 常委居然有 5 人連續兩輪得票不超過一半，這說明封疆大吏和地方大員們對誰該當選持有較大分歧，也說明他們對老人干政持相當大的反彈。

中共公布的 7 名常委中，張德江、劉雲山、張高麗屬於江派常委，習近平、李克強、王岐山屬於胡錦濤、習近平的聯盟陣營，俞正聲屬於「八面玲瓏」的中間人物，而且代表鄧小平家族的利

益，被雙方所接受。

有報導稱，中共前黨魁江澤民為了讓張德江、劉雲山、張高麗三人入常，曾四次向胡錦濤及中共政局常委寫信。

《新紀元》周刊當時報導說，胡錦濤同意江派人馬張德江、劉雲山、張高麗入常，是一種權衡之計，也是「捨身炸碉堡」的大局安排：一者他們年齡偏大、只能任一屆，另一者最關鍵原因是，可以讓江派人馬不至於窮途末路、窮凶極惡地繼續搞「要死大家一起死」的「魚死網破」。

胡錦濤將團派李克強的地位提高到中共黨內第二，形成胡習聯盟外，還提出兩條針對廢除江澤民干政的規定，並在黨內獲得共識。據說習近平曾被感動得流淚，習多次公開高度稱讚胡錦濤的「全退、裸退」是「高風亮節」等。

劉雲山得票比汪洋還低

2012 年 11 月下旬，18 大落幕一周多後，香港《蘋果日報》引述消息披露說，當選政治局常委的七位巨頭在中委投票時，習近平得票最高，「全票當選」，李克強只比習少一票。七常委中以掌管意識形態的劉雲山得票最低，連未能入常的汪洋得票數也比他多，甚至比女將劉延東還低，但劉雲山卻進入了常委。北京學者指，這顯示中共黨內選舉完全是自欺欺人的遊戲。

消息稱，中共 18 大中央委員選舉政治局委員和常委之前，反覆預選動員，要確保「該上的人一定能上」，不過選舉結果還是與高層指定的人選不同。

尤其劉雲山的上位，很多人表示，劉的入常完全是政治黑箱

作業的結果，他的上位意味著中共「扛上左大旗，繼續河裡摸上10年魚」。在劉「鐵腕」管制下的中共中宣部，使中國新聞界受到「文化大革命」以來最粗暴的打壓，劉因此獲得「新聞殺手」、「媒體殺手」稱號，中宣部也被視為最大的「毒瘤」。劉曾多次被各民主黨派、無黨派人士點名炮轟，民主黨派四度上書反對劉入常。

在幾十年中共官場中，最臭名昭著的，除了已經入獄的前中央政法委書記周永康之外，第二個就數長期把持中宣部的劉雲山了。如果說周永康是把持暴力機器的屠夫，劉雲山就是玩弄筆桿子、軟刀子的惡人。

在中共 18 大召開前的 2012 年 5 月 9 日，華文媒體參與網的文章《16 名老黨員上書胡溫，要求查處周永康劉雲山》，給外界帶來不小的震動。發信的是雲南昭通市 16 名中共老黨員，他們要求以胡錦濤為首的中共中央，「免去周永康常委和政法委書記職務、令其引咎辭職，交由中紀委查處；免去劉雲山中宣部部長職務，不得進入 18 屆常委班子。」

以余永慶為代表的這 16 位公開留下姓名和電話號碼的老人，在信中歷數毛澤東以及繼任者在天安門大屠殺和對法輪功的迫害罪惡；揭露薄熙來和周永康在重慶復辟「文革」、密謀政變黑幕；批判劉雲山主掌的中宣部掩蓋毛的罪惡，鼓吹毛思想，並在中共 90 周年遊行時，劉雲山私自塞進「毛澤東思想萬歲」方陣，為毛左勢力撐腰，與薄周相互呼應。

早在 2004 年，北京大學新聞傳播學院副教授焦國標就發表了《討伐中宣部》萬言書，在海內外引起震盪，他最終失去了在北大的教職。文章指責中宣部實行愚民政策，他列舉了中宣部 14

種「大病」，包括隨意下禁令不許媒體報導負面消息，指出「不報導才會積累影響社會穩定的因素」。

他稱中宣部是當下中國「文明發展的絆腳石、邪惡勢力和腐敗分子撐起最大最有力的保護傘、是憲法法律的太陽照射不到的黑暗王國」，他稱中宣部得了 14 種「病」，包括「工作方式巫婆神漢化、權威程度羅馬教會化、日本文部省化、中宣部是憲法殺手、共產黨民主理想的叛徒，是冷戰思維的衣鉢傳人，是中央精神的剋扣者和阻撓者，是冷血弱智者、是中國弱勢群體災難的二級製造者，是媒體老總們的是非感正義感文明感的戕殺者」，中宣部「庇護惡棍和腐敗分子，吃裡扒外、表面上的精神貴族，實際上的金錢奴隸、嫉妒賢德，誰冒頭就封殺誰，誰的正義感突出就『活埋』誰。」

劉雲山 1993 年任中宣部副部長，2002 年任正部長，這些針對中宣部的控訴，無疑就是對劉雲山工作最精準的評語。很多年前，大陸網友評選「最該被取消的部門」，除了政法委，就是中宣部。

第二節

靠薄一波和江澤民提拔

劉雲山 1947 年出生於山西忻州，而薄熙來、薄一波父子也是山西忻州定襄縣人，忻州曾經是晉察冀紅色根據地。劉雲山的父母在內蒙古當官，父親是薄一波的下屬。劉雲山一路走來，一是靠薄一波栽培，二是靠江澤民提拔。

劉雲山畢業於內蒙古集寧師範學校後，在內蒙古先後做過教師、宣傳幹事、新華社內蒙古分社記者。當了七年記者後，劉雲山在全國政協常委田聰明引薦下正式踏入仕途，調任內蒙古共青團副書記和黨組副書記。由於劉雲山曾在共青團任職，故被視為「團派」代表人物之一。事實上劉並非「團派」人物，他未曾在團中央任職過。劉雲山屬江澤民派系，因他從江澤民時代留任至今，其間逐步攀升。

劉雲山從內蒙古赤峰市委書記升到北京當中宣部副部長，據

說靠的是薄一波和丁關根的提攜。早在 1985 年 38 歲的劉雲山就被作為「省部級幹部第三梯隊人選」，成為最年輕的 12 屆中共中央候補委員。劉雲山比現時其餘六名常委，更早進入中共權力中心。

不過劉雲山的中央候補委員只當了兩年——1987 年中共 13 大時，他便榜上無名了。到 14 大時才東山再起，重新被安排為中央候補委員，中共 15 大時晉升為中央委員，16 大、17 大成為中央政治局委員、中央書記處書記，是 16 屆政治局成員中最年輕的一個。

劉雲山是標準的中共宣傳官僚，從未執掌過大省，幾無政績可言，掌管中宣部十年期間，數以百萬計網站、論壇等被封殺，網民要「翻牆」才能得到外面的信息，令中國言論自由度跌至改革開放以來最低點。

2002 年劉雲山接替丁關根，被晉升為中宣部正部長，這與 2001 年撰寫《江澤民傳記》的美國人庫恩有關，據說正是因為劉雲山積極討好江澤民，藉一個不會說中文的外國銀行家的名聲來給江樹碑立傳。另一個原因是劉雲山在鎮壓法輪功問題上緊跟江澤民，成為安插在宣傳口的江派心腹大將。

劉雲山因極度保守，被戲稱「紅色衛道士」。2009 年他在《求是》雜誌上說過，「絕不走封閉僵化的老路，也絕不走改旗易幟的邪路，而是堅定不移地走中國特色社會主義道路。」胡錦濤在 18 大政治報告中引用，顯示劉對中共的走向有一定的影響力。

接班丁關根 當代高俅的續集

劉雲山 1992 年還只是內蒙古赤峰市委書記，在讀完三年中

央黨校函授課程後，1993 年被丁關根提拔來當助手，任中宣部副部長。說到中宣部官員的醜陋，除了劉雲山，丁關根也是一個值得一提的人。

丁關根 1929 年 9 月生，江蘇無錫人，跟江澤民當過漢奸類似，丁關根年輕時曾加入國民黨的三青團，1951 年上海交通大學運輸管理系畢業，後來一直在鐵道部工作。

在中國大陸，無論是政界還是知識界，從高級幹部到販夫走卒，只要提起丁關根，大多會想起關於他陪鄧小平打橋牌的故事，甚至有人諷刺他是當代「高俅」，僅僅因為陪鄧小平打牌受寵，而在官場平步青雲。

據知情恩描述：丁關根打橋牌的水準在鐵道部時是出了名的，人送外號「橋牌計算機」。所以萬里在擔任鐵道部長期間即聞其大名，隨調他到自己家裡一比高低，果然驗證出丁身手不凡。從此丁關根即通過萬里成了鄧小平家裡的桌上客。

據說丁關根的橋牌技藝最妙之處在於他不但說贏就贏，說輸就輸，關鍵是他能做到想輸也不會輸出破綻來。他在輸的時候能夠輸得讓對手感覺意得志滿的同時深信他丁關根輸得是無可奈何。所以，鄧小平才最喜歡同他在牌桌上做「對手」。

曾經有香港報刊揭露說：中共建政前夕還在上海交通大學擔任國民黨三青團負責人的丁關根，在中共建政之後隱瞞了自己的「反共歷史」，1956 年混入了共產黨內，但很長時間都沒有敢設想自己能夠在共產黨的天底下有政治上出人投地的機會，直到 80 年代初，還僅僅是個副處級幹部，後來因為打橋牌接近鄧家，才得到一步登天機會。

不過也有文章稱，晚年萬里非常後悔的事就包括，把丁關根

推薦給了鄧小平。因為鄧小平的直接干預，這位當代高俅從副縣級到副國級，只花了六年多時間。

1980 年代裡，丁關根無數次進入鄧府陪笑，並非都是在老太爺親自上桌的情況下，更多的機會是陪鄧樸方打牌，教鄧楠、鄧榕以及鄧家孫輩學牌。老小三代都伺候周到了之後，才在 1987 年撈得一個政治局候補委員的職位。

1989 年「六四」事件之後，自覺在政治上已經成為孤家寡人的鄧小平能夠重用的親信已經十分有限，想起丁關根在鄧家祖孫三代面前堅持了十年之久的那付甜蜜笑臉，相信已經考察過關，可以放心使用，故鄧委以丁掌握部分實權的中央書記處書記的職位。

需要特別強調的一點是，當初丁關根因為鐵路惡性事故受到人大代表責難，不得從鐵道部長職位上引咎辭職後，一度被降職為國家計委副主任。後來老鄧下令安排他出任國務院台灣事務辦公室主任，主要目的就是繞開人大，因為國台辦主任是任命制，不需要走人大代表投票「通過」的「民主」過程。「六四」之後，丁關根進一步受到重用，也是局限在黨務系統裡，說到底還是為了避開人大這一關。

1992 年丁關根以中央書記處書記的名義，兼任中宣部部長，不久就提拔劉雲山來給自己充當助手。

丁關根不光橋牌出名，他的離奇死亡也很出名。據說是溫家寶「罵死」了丁關根。

2014 年「楓苑夢客」發表了一篇博文，稱丁關根之死並非正常因病死亡，乃被溫家寶怒吼一番之後心力交瘁、驚嚇過度而死！下面是該博文的摘錄。

「溫家寶是一個有良知因而帶有悲劇色彩的中共幹部，關於

他的爭議很大。他多次公開提倡政治體制改革，但卻沒有付諸實施，老百姓就埋怨他是天橋的把式，光說不練。有好事者還封他一頂影帝帽子。朝中同事們也罵他破壞安定團結。他身邊的親信也看不慣，勸他道：為什麼您一定要堅持政改？要是我早就瘋了，您就是為了要青史留名嗎？溫的回答振聾發聵，你們哪裡知道！我不是要留名，我是要留命！

其實，談論政改本不是溫家寶份內的事。前蘇聯是由蘇共總書記戈爾巴喬夫倡導的，在中國曾由胡耀邦總書記倡導。在他這一屆政府，本來應該是胡錦濤倡導，他溫家寶只是一位總理，在常委會內也只排名第三，輪不到他，他喊得再響又有什麼用？

溫家寶家庭貪腐問題被炒作得沸沸揚揚。《紐約時報》報料稱，他的家族在他任期內賺了 27 億美金。對此指控，溫家寶矢口否認，並發表了致吳康民的信，表示他「從沒有也絕不做以權謀私的事」，但是支持薄熙來的毛左分子仍咬住不放，一口咬定溫家寶貪污了 27 億美金。中共內部貪腐成風，要人相信自己清廉是不容易的，除非拿出確鑿的證據，否則難以服人。

大家都悶聲發大財，為什麼偏偏溫家寶成為眾矢之的？這一點兒都不難理解，因為溫家寶在黨內樹敵太多。他親手把野心勃勃的薄熙來貶到山城重慶，並第一個站出來公開批評薄的政治路線，由此導致薄的倒台，有人恨他恨得牙齒癢癢。既得利益集團更加討厭溫家寶，因為他倡導的政改對他們的利益是一個威脅。這恰好從反面證實了溫家寶推動政改不是做戲，而是發自內心。如果你還不信，我再給您舉個例子，溫家寶為政改甚至鬧出了人命，活活罵死了上門當說客的原中央書記處書記丁關根。

丁關根原來只是鐵道部一個中層幹部，只因為打得一手好橋

牌，因為給鄧小平當牌友，從此青雲直上。『六四』後有十年之久，他曾是中國的意識形態沙皇，新聞自由的殺手，打擊異議人士不遺餘力，被人稱作盯、關、跟。他曾要求民主黨派領袖排隊聽自己訓話，而且還要求這些老人事先演習，87歲的周培源不甘受這位不知深淺的暴發戶的羞辱，大發光火，要拂袖而去。

最令人病詬的是，丁關根妻子的姐姐叫張先玲，是天安門母親運動成員，張先玲的兒子為89年6月4日天安門遇難者王楠。王楠當年19歲，是月壇中學高二學生。1989年6月4日凌晨三點半在南長街口照相被戒嚴部隊開槍射殺，子彈從左上額進入，左耳後穿出。

丁關根最初聽說外甥王楠被戒嚴部隊打死在南長街口，眼中還噙滿淚水，不過後來為了保官位，就開始迴避此事。張先玲因為兒子慘死，和人大哲學教授丁子霖等一起發起成立了《天安門母親運動》，20多年來一直積極活動，希望能給死者和生者討回公道。由於張先玲參加天安門母親活動，張家和丁家『兩家的來往就幾乎斷了』。

丁退休後也不閒著，東跑西顛，不亦樂乎，相當活躍。2012年7月23日，新華社突然發表了一則訃告，原中共中央政治局委員、中央書記處書記丁關根，因病醫治無效，於2012年7月22日6時20分在北京逝世，享年83歲。至於死因則語焉不詳，後來傳出小道消息，丁關根竟然是被溫家寶活活罵死的，這整個兒就是諸葛亮罵死王郎的現代版啊！

溫家寶和丁關根一向關係還不錯，他為何大罵丁關根呢？都是因為18大的卡位戰。溫家寶一再呼籲政改，甚至發誓至死方休。18大要召開，這是最後的機會了，溫家寶真急了，又數度高

喊政改，言辭急切，讓胡錦濤頗為頭疼。無奈之下，胡總便託丁關根當說客，登門勸溫收斂一點，不要添亂。

丁關根年逾八十，親自登門遊說，溫相即使聽了不受用，也應該照顧客人臉面，隱忍不發才是。沒想到，平素溫文爾雅的溫突然發飆，拍桌痛罵，一會兒說歷史性審判，一會兒說亡黨亡國的危險，反復提及『六四』、官商勾結，貪腐遍地、遍地怨民，等等，而且迅速把矛頭對准了為虎作倀的無恥說客，還反復借用劉少奇為『大躍進』餓死百姓嚇唬老毛的那句話歷史會記上一筆的（劉說的是『要上書的』）。

丁關根哪裡見過這陣勢啊！溫家寶描繪的一幅可怕景像令他不由得心驚膽戰，仔細思忖，自己也曾幹了不少壞事，罪責難逃，於是一下子精神崩潰，渾身顫抖，癱坐在沙發上，大汗淋漓，氣喘吁吁。溫家寶正在劈頭蓋臉痛罵，忽然發覺異常，忙呼喚人把丁送醫院治療，但丁緩過神來後，堅稱無事，只求回府。回到家中，上床靜臥休息，家人前來詢問，半晌無聲，突然說了一句，頭有些疼，便陷入昏迷。家人急送醫院搶救。一周後去世。」

也有百姓說，丁關根在中宣部壞事幹了不少，造業很多，死前能有這份痛苦經歷，也算是好事，至少說明他還有點良知未泯。

第三節

《江澤民其人》
誰改變了中國？

　　劉雲山從 1997 年擔任中宣部副部長，直到 2002 年才提為中宣部正部長。雖然 2001 年開始創作的《他改變了中國——江澤民傳》的書面作者是庫恩，但海外輿論普遍相信，這背後拍板負責的還有劉雲山。

　　庫恩稱從 2001 年開始寫作《江澤民傳》，四年間他「停止了在中國的一切商業活動，沒有收到任何直接或間接的經濟報酬。」不過事實是他旗下的公司成為了中共官方機構在海外的重要合作夥伴，他的四個家人都參與了他的一系列中國項目。據《南方人物》周刊披露，庫恩在採訪會見中共高官時，避開他在中國做生意和國際大公司顧問、董事的身分，特別是他與美國世界上帝教會（Worldwide Church of God）的關係。

　　這位猶太人出生的美國商人非常懂得中共官場的潛規則，庫

恩曾把央視台長趙化勇的兒子安排在他位於北京和央視合作的公司任職。等趙化勇因一場大火狼狽下台後，他的兒子也被庫恩的公司趕走。

劉雲山在庫恩眼裡更是「最具價值的投資」，於是乎，劉雲山兒子的女友又成為庫恩開設在北京的公司的老總。劉雲山和庫恩之間的這種公幹私交，把中國特色的社會主義和華爾街作派展現得淋漓盡致。

江澤民想吹捧自己改變了中國，就從這本書的作者從正規商人變成投機作家來看，的確，江澤民不但讓劉雲山之流的中共官員更加貪腐，也讓西方人學會了行賄走黑道。從這個角度看，江澤民的確改變了中國甚至改變了世界，讓中國變成徹底放棄良知道義的國度。被大陸查禁的著名書籍《江澤民其人》第 22 章講述了劉雲山是如何在暗中收買洋人替江澤民寫偽傳的。下面是書籍摘要。

江澤民很早就想為自己作傳。鄧小平活著時，江沒這個膽量；鄧小平死後，江親自組織成立了專門寫作班子為自己寫傳記。這個寫作班子費盡心機，不辭辛苦跑了不少地方，結果被訪問的人說出來的都不是江澤民想要的，更糟糕的是把他篡改出身等事情抖露了出來。寫作班子把材料遞交上去之後，江澤民非常惱火，不但將寫作班子解散，而且要求這些人不能再被重用。但江的醜事還是被陸續傳了出來。

第一本由洋人寫的《江澤民傳》由明鏡出版社出版、由中國問題專家加拿大人杜林撰寫。杜林在書的前言中說，他開始寫這本書是因為在廁所裡碰到江澤民一回，雖然沒有說話，但卻激發了能說一口流利中文的杜林要寫《江澤民傳》。

杜林採用的是中共官方消息來源和第一手資料。他還經常引用兩家有官方背景支持、唯一允許在大陸發行的兩家香港雜誌《鏡報》和《廣角鏡》的消息。儘管這樣，江澤民也不喜歡這本《江澤民傳》，因為裡面沒有他想說的話。

最後急於從政治局候補委員升為常委的曾慶紅出了個主意：找個完全不懂中文的外國人當槍手最好，受訪人得有翻譯，提供的資料也得翻譯，這樣他就完全掌握在我們手裡，想讓他怎麼寫他就會怎麼寫。

江對這個主意大為讚賞，立刻派江辦主任賈廷安和中宣部副部長劉雲山著手辦理，因為是 2001 年發生的事情，所以將此專案命名為「001 工程」。

物色這個寫傳記的外國人讓賈廷安費了好些心思，他又去向曾慶紅請教。曾慶紅認為，不能找專業作家，因為那些人不好控制，他們寫什麼都要調查清楚。最好就是在國內生意做得大的外國人，這樣可以用經濟利益收買和要挾。最後根據國安的調查報告發現，美國花旗銀行的執行董事羅伯特·勞倫斯·庫恩在中國有著廣泛的業務。作為一個商人，利益對他來說是頭等大事。於是有人去找庫恩商談，只要他答應按照江澤民的意圖寫作《江澤民傳》，中共就可以允許花旗銀行在國內開展更廣闊的業務。庫恩聽後大喜過望，滿口答應。

除了給花旗銀行各種優惠待遇，中共也批准花旗銀行上海分行從 2002 年 3 月 21 日起接受中國居民的外匯存款，成為首家獲准為中國居民提供全面外匯業務的外資獨資銀行。

庫恩不是作家，不但寫作傳記是趕鴨子上架，而且存在著語言障礙，再加上他銀行業務繁忙，還有許多方面的應酬活動，為

江澤民作傳力不從心。

於是，江澤民讓中直機關找到了著名傳記作家葉永烈。據葉永烈透露，他是 2001 年 3 月接到素不相識的中央某直屬機構的局長電話約見，指定他參與寫作《江澤民傳》。那位局長坦率表示，江澤民在海外政治名聲極壞，因此要為江出版一本傳記打造形象，扭轉這種局勢；現在庫恩想找一位中國作家合作，葉被當局定為「第一人選」。

從一開始，江澤民組織庫恩寫《江澤民傳》的目的就非常明確，那就是：「出版我們觀點的《江傳》。」

葉永烈透露，在當局安排下，他為這項被當局命名為「001 工程」的創作進行了全面策劃，列出了 3000 字的提綱、15 頁的江澤民年譜、大量參考書目及百餘人的採訪名單。但在最後，當局卻以這本書「由外國人出面寫比較合適」為由，拒絕他與庫恩聯合署名，只讓他當幕後槍手，希望他不要再堅持兩人共同署名。這當然是江的意思。為什麼由外國人寫江澤民更合適呢，因為更能迷惑國內民眾。葉永烈終止了與庫恩的合作，但是他的研究成果卻被庫恩拿走。

《江澤民傳》出版的時候已經是 2005 年 2 月。這本偽傳肉麻地對江澤民大唱頌歌，而對於江澤民出賣領土、迫害基督教家庭教會、民主人士和法輪功，以及江的糜爛生活、貪污腐化等卻隻字不提。在法輪功的問題上，《江澤民傳》完全是江的口吻，極盡歪曲誣衊之辭。

第四節

壓制真相 引起公憤

　　江澤民之所以提拔劉雲山，不光是他為自己歌功頌德，樹碑立傳，還因為劉雲山和李長春一樣，都是頑固的中共保守派，站在反民主的立場上，長期壟斷操控宣傳系統，維護中共一黨獨裁統治。

箝制言論 連溫家寶也不放過

　　劉雲山被稱為「紅色衛道士」，比其前任丁關根更「政治正確」。箝制新聞是近十年中國維穩的重要手段，做為宣傳部部長的劉雲山不遺餘力，令中國言論自由度跌至改革開放以來最低點。對於總理溫家寶的政改言論，中宣部亦敢於封殺。

　　掌管中宣部十年期間，正是互聯網在中國遍地開花的年代，

劉雲山以強硬手段，遏制互聯網信息流通。過去十年，至少有數以百萬計網站、論壇等被封殺。中宣部還搞互聯網「長城防火牆」工程，封鎖海外網站，弄至網民要「翻牆」才能得到外面的信息。2010 年 3 月，Google 因內容審查問題與當局發生爭執，被中宣部迫令退出中國。

網路「五毛黨」在劉雲山十年大行其道，相信是中宣部在背後支持的。「五毛黨」是所謂網路評論員，由當局雇請的槍手，專門在網路論壇上廣發帖子美化中共，為政府辯護，並打擊異見帖子。每發一帖便可以獲得五毛錢的報酬，故被網民謔稱為「五毛黨」。

對於傳統平面媒體，中宣部的打壓亦不放鬆。有中國媒體從業者統計，自 2002 年 11 月劉雲山接掌中宣部以來，報紙、電視及廣播因報導內容犯「政治錯誤」被關閉、整頓或處罰的事件逾百宗，被辭退或被處分的媒體人逾千人；因言入罪者數以百計，包括「中國維權律師界的領軍人物」高智晟，及被雅虎出賣的前記者師濤等。

劉雲山又追殺一些敢言媒體。2005 年底，《南方都市報》及《新京報》領導層被撤職；2006 年 1 月 27 日農曆年前，以敢言著稱的《冰點》雜誌遭停刊，理由是該期將刊登的袁偉時文章「醜化共產黨形象，違反歷史真相。」2009 年底中宣部施壓，以揭露財金黑幕著稱的《財經》雜誌，掌門人胡舒立與六十多名採編經營幹部被迫集體辭職。2012 年 7 月，上海《東方早報》因發表批評當局文章遭整肅，社長總編辭退。同月廣東《新快報》因轉發 18 大中共新貴的知青年代文章遭整肅，社長撤職。

對於天災人禍，中宣部為了維穩，也禁止媒體報導負面消息。

2008 年 4 月 28 日，山東膠濟特大火車相撞事故，72 死 416 傷，中宣部禁止媒體自行報導；2008 年汶川大地震，劉雲山要求報導要聚焦在光明面，塑造「一方有難八方支援」的團結觀感；禁止媒體追蹤報導因校舍豆腐渣工程而遇難的學生情況。2011 年 7 月，溫州動車追尾造成 40 人死事故，張德江下令停止搜救掩埋列車殘骸，輿論譁然，中宣部禁止媒體報導。

而中宣部旗下的廣電總局亦屢下禁令，要求全國電視在國慶期間播「紅色電影」，又下達「限娛令」，實行審查電視節目。電影亦要符合當時的政治氣氛，例如中共建黨 90 周年，全國一律放映《建黨偉業》、《辛亥革命》等，其餘如《變形金剛 3》等外國大片都要讓路。

劉雲山不但控制輿論，還借用政治審查來搞人身處罰和迫害，比如 2003 年 6 月，劉雲山限制媒體對敏感問題的報導，並警告「外國反華勢力利用有爭議話題破壞中共政府」，至少兩家報紙被臨時關閉，多家雜誌受批評。被禁的議題包括隱瞞薩斯疫情和對上海地產商周正毅醜聞的調查等。2008 年四川大地震後，報導地震死難學生情況的《六四天網》負責人黃琦等維權人士和網友被拘留。

2009 年，膠濟鐵路 4·28 列車相撞特大事故，劉雲山要求中央級新聞媒體不得報導鐵路撞車，2009 年底，素有輿論監督利劍之稱的《財經》雜誌 60 多名採編經營骨幹集體辭職，《財經》新聞掌門人胡舒立被迫辭職。

2010 年，《維基解密》公布美國外交密電披露，下令封殺 Google 一事，是政治局常委李長春、周永康下達指示並監督下進行的，中宣部長劉雲山則是負責協調向 Google 施壓的人。2011

年 7 月溫州動車追尾重大事故，張德江下令停止搜救，就地掩埋動車殘骸，引發全國公憤。劉雲山下令嚴禁報導，成為媒體和網民的公敵。2012 年薄熙來事件後，利用媒體來支持薄熙來，更成了劉雲山的一大主要任務。

有消息稱，胡錦濤後來對劉雲山的極左表現有所不滿，負面評價越來越多，胡甚至有「去劉雲山以王滬寧代之」的想法，不過，江澤民卻拚命要保劉雲山進常委。這背後的原因就是劉雲山積極跟隨江澤民鎮壓法輪功，從而成為江派血債幫在輿論宣傳口一隻如狼嗥叫的惡人。

劉雲山曾說過，「傳播力決定影響力。當今時代，誰的傳播手段先進、傳播能力強大，誰的文化理念和價值觀念就能更廣泛地流傳，誰就能更有力地影響世界。」在其主導下，2008 年起中國耗資數百億美元搶占國際話語權，擴充中央幾大喉舌媒體、發展海外分支、增加版面和播出時間。中央電視台增設阿拉伯語、俄語頻道；新華社創辦英文新聞電視台，建中國版的 CNN，全天候 24 小時向美國、歐洲、澳洲、非洲等地播送英語新聞節目；《China Daily》出美國版。

中宣部甚至斥巨資在美國紐約時代廣場電子廣告牌展示姚明、楊利偉等人成功形象，又在 CNN、BBC 等國際媒體大打國家形象廣告。這「大外宣」的背後就有劉雲山與周永康的小算盤，據李東生透露，他們曾花 5000 萬美金在國外製造攻擊溫家寶、習近平的黑材料，「出口轉內銷」，為江派鼓譟。

第五節

身家保密嚴實 因車峰案曝光

劉雲山家庭背景極神祕，如他掌管的中宣部一樣，連辦公地點外界亦不得而知。父母是誰，也從未披露過。至於其妻子的背景、姓名，即使劉雲山當上常委之後，亦未曾曝光，保密工夫十分到家。直到 2015 年習近平打虎曝光很多高層內幕後，人們才得知，劉雲山的妻子叫李素芳：曾任中國民用航空局直屬機關黨委副書記。

2015 年 6 月，前央行行長、中共天津市長戴相龍的女婿車峰，被曝與落馬的國安部副部長馬建及外逃商人郭文貴之間有關係，背後牽扯到曾慶紅和劉雲山。

據外媒報導，當局對車峰調查原主要涉他通過香港和國外特殊管道為內地金融高管非法洗錢，以及涉嫌馬建案和郭文貴案，他涉仗著和國安部的關係，打著國安部旗號在海外胡作非為，涉

未經授權與西方情報機構「交換情報」充當間諜。後來調查發現，車峰的關係遠不止這些，他還與現任政治局常委劉雲山家人關係非同一般。其中劉雲山的大公子劉樂飛跟車峰是生意密友，車峰仗此成為劉雲山家的座上客，車峰口口聲聲叫劉雲山太太李素芳「李阿姨」，李則視車峰如自家孩子。

調查顯示，劉家經常「借用」車峰的私人飛機天南地北飛來飛去，其中有紀錄可查的，李素芳過去幾年幾乎每年都調用 30 多次，目的地包括北京至內蒙包頭、海南島等，而劉樂飛也是車峰專機的常客，曾用車的飛機飛歐洲看足球賽。車峰的私人飛機儼如劉家的專機。

據與劉雲山在內蒙古當記者的同事披露，劉雲山與李素芳是在讀書時認識的，育有一子劉樂飛，39 歲時就是私募基金「中信產業投資基金管理有限公司」行政總裁（CEO），旗下四支基金資產總值逾 300 億元人民幣。此前，劉樂飛曾是中國人壽投資部總經理和首席投資官，負責管理近兆資產。劉樂飛妻子賈麗青，據悉是曾任國安部長、公安部長及最高人民檢察院檢察長賈春旺的女兒。劉樂飛曾被美國《財富》雜誌選為「2011 年亞洲最具影響力的 25 位商業領袖」，名列 22 名，是最年輕的上榜者。

劉雲山參與三大政變

第二章

誣陷好人
充當害人先鋒

劉雲山之所以被江澤民竭力推進政治局常委，一方面是因爲劉雲山擅長溜鬚拍馬，討江歡心，另一個更主要原因是，劉雲山積極參與江澤民一人武斷發動的對法輪功的鎮壓。

鎮壓法輪功是當今中國政治的核心問題，是江習鬥的内在主線，也是江派劉雲山給習近平穿小鞋而反遭懲治的關鍵所在。（大紀元合成圖）

第一節

充當江澤民鎮壓的先鋒

劉雲山被江澤民竭力推進政治局常委的關鍵原因是，如同周永康、薄熙來、徐才厚等人一樣，劉雲山是江澤民迫害法輪功群眾的血債幫主要成員之一。而正是因為對法輪功態度的不同，造成了江澤民與後來的胡錦濤、習近平的立場不同。

據中共內部消息，鎮壓法輪功是江澤民一人的主張。1999 年 6 月，當時中共政治局 7 個常委中，6 個都反對鎮壓，只有江澤民一人提出並堅持要鎮壓法輪功，被把法輪功誣衊為「X 教」，所以法輪功群眾把江稱為「迫害的元凶」。

從 1999 年 7 月以來，江澤民集團害死了數百萬修煉真善忍的法輪功群眾，同時犯下了活摘法輪功學員器官的反人類罪行，江澤民因為害怕這些罪行被後來人清算，故而竭力反對胡錦濤和習近平掌權，甚至多次暗殺胡和習，而胡錦濤、習近平更是不願

充當給江澤民背黑鍋的人，在上億人的強烈反對下，胡習都不願繼續對法輪功鎮壓，但江派勢力一直阻止對法輪功的平反。

2012 年習近平上台後，與江澤民集團展開了激鬥，其核心就是法輪功問題，因為那些積極參與迫害法輪功的貪官污吏們，正是江當政時期的最大黑心受益人，也正是習近平要依法治國、推進改革的最大攔路虎。有統計顯示，習藉經濟反腐，擊落下馬的貪官們，絕大多數都是跟隨江澤民積極鎮壓法輪功的惡人。

由於法輪功是當今中國政治的核心問題，是江派和習陣營互相博弈過程中一系列舉動的內在主線，也是劉雲山後來給習近平穿小鞋、習反過來懲治劉的關鍵所在。因此明白理順法輪功這個主軸之後，分析和預測中國政治走向、人物命運也就有了指路標。

江澤民為何要鎮壓法輪功呢？法輪功群眾的回答是「因為煉法輪功的人太多了，超過了中共黨員人數，妒嫉使江澤民受不了。」中共則拿編造的「700 例生病不吃藥」（後來改為 1400 例）等來作為藉口，不過江澤民自己的說法卻有所不同。

2006 年大陸出版了《江澤民文選》，第二卷收錄了江在 1999 年 4 月 25 日當晚所寫的《一個新的信號》。在收入「文選」時，特意在文後加了一行說明——「這是江澤民同志寫給中共中央政治局常務委員會委員及其他有關領導的信。」

當時中共前人大常委委員在喬石做過調查並上書江澤民，指出法輪功修煉對任何人、任何團體、任何社會都是「有百利而無一害」，國防科工委的錢學森、張震寰也很支持氣功修煉，法輪功創始人李洪志先生還在公安部禮堂給見義勇為的人治過病，並得到公安部的嘉獎。中共政治局 7 個常委的家屬都修煉法輪功，連江澤民自己的老婆王冶坪、孫子江志成都學練過法輪功。他們

都知道法輪功祛病健身、提升道德有奇效，中南海其他高管也有不少在煉法輪功。那為何江澤民和中共執意要迫害法輪功？

江澤民給政治局的這封信說：「對這種已形成為全國性組織，涉及相當多黨員、幹部、知識分子、軍人和工人、農民的社會群體，卻遲遲沒有引起我們的警覺。」在這裡，江澤民談了三層意思，第一、他認為法輪功是「全國性組織」；第二、是法輪功遍及社會各個領域和群體；第三、中共卻遲遲沒有警覺。

江澤民的邏輯是：法輪功是一個什麼樣的團體並不重要，做了什麼也並不重要。只要是「全國性組織」，涉及的人數眾多，中共就應該「警覺」，就應該鎮壓。

有人說法輪功如果不去中南海，就不會有這場鎮壓。《大紀元》專欄作家章天亮博士評論說，「中功」當時號稱3000萬信徒，他們並沒有去中南海，也沒有去任何地方請願和抗議，中共在鎮壓法輪功的時候，就把中功一起鎮壓了。其他如地下天主教會、基督教家庭教會和其他氣功團體等都在中共鎮壓之列。可見，中共鎮壓你的理由只有一條，就是「你人多」。

「人多」為什麼就該鎮壓呢？於是江澤民在信中繼續編造理由，不過，他只是給出一個疑問，而沒有證據。「（法輪功）究竟同海外、同西方有無聯繫，幕後有無『高手』在策劃指揮？這是一個新的信號，必須引起我們的高度重視。敏感期已經來臨，必須盡快採取得力措施，嚴防類似事件的發生。」

1999年6月4日是鎮壓天安門學生運動十周年，該鎮壓肇始於1989年4月26日的人民日報社論《必須旗幟鮮明地反對動亂》。對於江澤民來說，4月26日也好，6月4日也好，都是「敏感期」，且「已經來臨」。這裡的「敏感」是江澤民出於對權力

的偏執，對一切民間活動都過敏所致。江澤民更害怕是否幕後有「高手」，是否有海外聯繫等。這樣龐大的人數，加上協調運作，就可以成為贏得民心並與中共抗衡的政治力量，儘管法輪功根本就沒有這種意向。

江澤民感到，他對民間的控制力正在逐步減弱，而法輪功則受到了民間的廣泛喜愛，這讓江澤民深感妒嫉，更有一種杯弓蛇影的恐懼。江在信中怒氣沖沖地責問中共各級官僚：「這次事件的發生，也說明了我們一些地方和部門的思想政治工作和群眾工作軟弱無力到了什麼程度！」

在鎮壓法輪功的過程中，中共極盡妖魔化之能事，從編造「1400 例」到導演天安門「自焚」偽案。然而仔細看看江澤民的這封信，就會發現鎮壓的真正原因與後來中共說的所有一切都毫不相干，而完全出於江澤民對法輪功「人多」的妒嫉和恐懼。

事後人們發現，江澤民下令當時的政法委書記羅干、公安部部長周永康等人，以假情報的方式，編造了「法輪功裡通外國」的謊言栽贓，在政治局常委的討論中，把法輪功打成「敵對勢力」，從而放手加以鎮壓。

1999 年 4 月 25 日之後，妒嫉心極重而又心胸狹窄的江澤民決心置法輪功於死地而後快，但中共政治局常委會上，其他六人都反對鎮壓。於是江背後耍陰謀，強迫其他人表態同意鎮壓法輪功。江派人馬找到了時任成都軍區司令員、黨委副書記的廖錫龍，要廖助江一臂之力鎮壓法輪功。於是一心想往上爬的廖錫龍夥同成都軍區情報處祕密編造假情報，稱從法輪功的郵箱裡獲取了法輪功搞政治、要推翻共產黨的郵件。

與此同時，江澤民還指使曾慶紅、羅干命令在紐約的情報人

員謊稱，法輪功有海外背景，拿了美國中央情報局數千萬的資助。於是，江澤民拿著這幾個誣陷法輪功的假情報，要挾政治局常委其他人員，逼全體政治局常委表態同意鎮壓法輪功。

因為這個造謠誣陷，廖錫龍 2002 年被江提升為中央軍委委員、解放軍總後勤部長，並負責把活摘器官產業化、軍事化，當作一場戰爭來指揮。於是 2002 年後中國器官移植迅速發展，到 2006 年被曝光前達到了頂峰。

江澤民迫害法輪功想得的「好處」

美國最大的獨立非營利中文電視頻道「新唐人」也有文章分析說，回過頭來看歷史，當時江澤民以為鎮壓法輪功可以得到以下好處。（不過事實證實，十多年的迫害法輪功，江澤民沒有把法輪功迫害倒，卻把中共自己給搞垮台了。）

一、迫害法輪功可以轉移中共國內外面臨的危機：

在 1999 年的國際形勢下，印尼發生大規模的排華事件，很多華人慘遭屠殺，但江澤民卻以「不干涉他國內政」為由，不理不問，而台灣卻派飛機到印尼實施撤僑行動。江的此舉激起全球華人的唾罵。

在國內，中共開始所謂改革，如房改、教改、醫改、國企改制、財稅改革等，大批工人失業；兒童輟學；交不起學費而自殺的家長；農民上繳了「三提五統」後連自己的口糧都沒有留下，村幹部甚至僱傭黑社會到農民家裡搶口食，特別是 1998 年洪水受災地區，大量農民因無法生活下去而自殺。中共政權到了搖搖欲墜的時刻了。

二、迫害法輪功可以指鹿為馬，排除異己：

漢奸家庭出身的江澤民，靠著巴結，阿諛奉承，踏著「六四」學生的鮮血爬上了中共最高權力的頂峰。當時中共黨內有不少人在管理才能方面比江澤民強很多，比如朱鎔基、喬石等人。於是江澤民想藉鎮壓法輪功來敲打朱鎔基。

因為在法輪功「4‧25」上訪時，朱鎔基出面會見法輪功學員，和平解決了衝突，被外媒高度稱讚，說是「中共建政以來第一次和解決官民衝突」，朱鎔基一時民心大增，這也使江澤民心存妒嫉。

同時，江澤民也想藉鎮壓法輪功來「壓胡錦濤」。胡錦濤是鄧小平隔代指定的接班人，中共邪黨臨近 16 大，怎樣確保自己的既得利益，下台後不遭清算，自己的兒子能「繼續悶聲發大財」，江心中沒有底。政治局其餘六人，江澤民都信不過，即使跟自己走得近的李嵐清對他也是陽奉陰違。胡錦濤本人看過法輪功的書籍，其夫人劉永清就修煉法輪功。迫害開始後，江澤民專門到廣州，要求把胡錦濤的同班同學張孟業抓起來，第一個判勞教，目的也是為了打擊胡錦濤，給胡套上「出賣同學」、「不仁不義」的帽子。

除了打擊朱鎔基、胡錦濤外，江澤民也想藉鎮壓除掉支持法輪功的高官。2000 年 1 月陳友煥突然被免去江蘇省委書記的職務，2003 年 2 月又免去他人大常委會主任的職務。在中共迫害滿城風雨的時候，陳友煥將自己修煉法輪功多年的消息讓本省的記者進行公開報導，也是第一個因修煉法輪功而被江澤民免職的中共高官。

2000 年 5 月，時任體委主任的伍紹祖被免職，因為吳紹祖從全民健身的角度支持法輪功。1998 年 5 月 15 日，伍紹祖親自到長春市區觀看了長春市法輪功學員集體煉功的盛況。央視當晚 10

時在第一套節目《晚間新聞》和第五套節目中分別作了報導，時間大約 10 分鐘。畫面中，懸掛著法輪大法的橫幅，宏大的煉功場面令人震撼，伍紹祖微笑著觀看。

三、迫害法輪功無任何政治風險：

江澤民之所以敢迫害法輪功，還有個原因是他讀過法輪功書籍，知道法輪功講真善忍，打不還手，罵不還口。江澤民既嫁禍法輪功，轉移老百姓的對共產黨的仇恨，又能模仿趙高指鹿為馬的伎倆排除異己。打壓法輪功在江澤民和中共看來真是一著妙棋。

江在一次重要會議上說：「相比之下，其他氣功組織就不那麼容易解決，很可能在全國引起劇烈動盪，甚至於製造暗殺、毒氣、爆炸等恐怖暴力活動，就會給我們的工作帶來相當大的難度，對社會穩定起破壞作用，起不到懲戒的效果，法輪功講『真、善、忍』我們的打擊工作就可以放手進行。以後利用打擊法輪功的經驗，可以有效的運用於其他氣功組織。」

從這可以看出，江澤民是了解法輪功的，他清楚地知道法輪功的大善大忍和與世無爭，但卻想利用法輪功的善良為自己的邪惡開道。起初江澤民以為三個月就能把法輪功鎮壓下去，因為中共歷來的政治運動都是疾風暴雨似的，連國家主席三天就鬥垮了，何況一群手無寸鐵的善良百姓呢？

哪知道，從 1999 年至今，16 年多過去了，法輪功屹立不倒，相反的，倒下的卻是迫害好人的江派邪惡流氓集團。

第二節

中宣部編造
「1400 例死亡」謊言

　　劉雲山為配合江澤民鎮壓法輪功，不惜動用所有輿論宣傳工具，肆意誣陷誹謗法輪功。當時江澤民給專門為鎮壓法輪功而成立的「610 辦公室」發出密令，對法輪功要「名譽上搞臭、經濟上搞垮、肉體上消滅」，於是劉雲山在宣傳口大肆誹謗法輪功。

　　從 1999 年 7 月 22 日抓捕法輪功學員的第三天，劉雲山控制的媒體就開始了鋪天蓋地的反法輪功宣傳，以北京的中央電視台為例，在 1999 年期間，中央電視台每天動用 7 個小時播出各種事先製作的節目，以大量歪曲篡改法輪功創始人李洪志先生的講話開始，加上所謂自殺、他殺、有病拒醫死亡等案件，極盡能事對法輪功及其創始人進行誣衊和抹黑宣傳。

　　最著名的例子之一，是把李洪志先生在一次公開場合表示「所謂地球爆炸的事情是不存在的」中的「不」字剪掉，並以此

誣衊法輪功宣傳「世界末日」。更有甚者，以移花接木等手段，把普通刑事罪犯的犯罪行為移植到法輪功學員頭上，以欺騙世人。如京城瘋子傅怡彬殺人、浙江乞丐毒殺案等等精神病、殺人犯都栽贓到法輪功頭上，然後利用媒體煽動不明真相的民眾對法輪功產生無端仇恨，為不得民心的血腥迫害尋找藉口和支持者。

當時中共絕對控制的 2000 家報紙，1000 多家雜誌，數百家地方電視台和電台，全部超負荷開動起來，全力進行誣衊法輪功的宣傳。而這些宣傳，再通過官方的新華社、中新社、中通社和海外中共媒體等，散播到海外所有的國家。據不完全統計，在短短的半年之間，中共媒體在海內外對法輪功的誣衊報導和批判文章，竟然高達 30 多萬篇次，毒害了無數不明真相的世人。中國駐外使領館也擺放大量所謂揭批法輪功的畫冊、光碟和單行本；外交部網站上，專門開闢所謂揭批法輪功的專題欄目。

很多有識之士驚呼：「第二次文革又來了」。

虛假的「1400 例死亡案例」

為了給鎮壓法輪功找藉口，劉雲山控制的宣傳口羅織了一個所謂「因為練了法輪功，有 1400 人自殺、死亡、殺人」的「1400 例」，但民間調查發現，這些案例有的是把精神病患者病發時的意外事故栽贓給法輪功，有的是以減刑為條件唆使殺人犯冒充法輪功，有的是以報銷醫藥費為誘餌讓危重病人冒充法輪功，還有的是把普通人的正常病逝說成是煉法輪功造成。所有這些案例都是中共對法輪功的栽贓嫁禍。

這些謊言宣傳，不僅成為中共煽動仇恨迫害法輪功學員的

藉口，而且使不了解法輪功的廣大群眾失去了受益於法輪功的機會。1998 年國家體育總局組織北京、武漢、大連及廣東省的醫學專家，對近 3 萬 5000 名法輪功學員做了五次醫學調查，證明了法輪功祛病健身有效率高於 98％。

以中共宣傳的「1400 例」第一例為例，官方稱「天津市棉紡六廠職工孫學敏因練法輪功跳樓身亡」，但孫學敏的一位同事證實說，這純屬謊言。在 1976 年唐山大地震前後，孫學敏得了精神病，在以後的日子裡時常犯病，她在退休之前曾幾次因犯此病在家休假。大概在 1997 年下半年，有人見她到法輪功煉功點去學了兩次功，聽說也曾參加過兩次學法。但法輪功的書上明確寫道，精神病人不能煉法輪功，於是後來她就沒再練了。大概半年後，聽說她跳樓自殺了。

也有搞統計的學者站出來說，即使假定這 1400 例是真的，這個數據也從反面證明法輪功祛病健身有奇效。

當時中國大陸有大約一億人學煉法輪功，中共公安部上報給江澤民的數據是法輪功學員人數 7000 萬，劉雲山的中宣部對外宣稱只有 200 萬人，縮小了 50 倍。即使用這 200 萬人作為基數，得出的結論也是，修煉法輪功，能大大降低死亡率。

從 1992 到 1999 年，按中共造謠的死亡 1400 例算，平均一年 200 人，即平均死亡率為萬分之一。而根據《中國統計年鑑 1996》，這段時間中國人的年平均死亡率為萬分之 66，也就是說，修煉法輪功，死亡率至少降低了 66 倍，若按真實的法輪功學員人數來算，死亡率降低了 3000 倍。這也從反面證明法輪功祛病健身有奇效。

第三節

世紀偽案 天安門自焚真相

劉雲山除了炮製 1400 死亡案例來栽贓法輪功外，他手下類似蓋世太保的著名謊言還有所謂法輪功天安門自焚案。儘管早在事發當年國際社會就戳穿了自焚偽案謊言，但鋪天蓋地的宣傳已將仇恨的種子埋在億萬中國人心中。

2001 年 1 月 23 日下午，北京天安門廣場「突發」五人自焚事件。事發僅兩小時，新華社以超乎尋常的速度向全世界發出英語新聞，聲稱「自焚者是五名法輪功學員」。但是美國之音記者打電話向北京公安局和公安部查證，答覆竟然是不知道有這回事。中共喉舌的宣傳口徑搶到了公安調查的前面。如此快速發布消息，暴露了這並非突發事件，而是一場準備充分的陰謀。

緊跟著央視推出了攻擊法輪功的「自焚新聞」、《焦點

訪談》，而且強制全國各界、各企事業單位觀看，反覆「學習」。

國際社會質疑：央視自焚錄影有遠景、移動拍攝的近景，還有多個自焚者在不同位置的特寫，並且錄下了聲音，顯然是攝影師做好了準備才能做到的專業拍攝。2002 年上半年，參與這個節目調查的女記者李玉強在「河北省會法制教育培訓中心」曾當眾承認，「天安門自焚」鏡頭是假的，廣場上的王進東腿中間的雪碧瓶子是他們放進去的，此鏡頭是他們「補拍」的。

2001 年 8 月 14 日，在聯合國宣導和保護人權附屬委員會第 53 屆會議上，天安門自焚案被當場揭穿。國際教育發展組織（IED）發言說：「我們的調查表明，真正殘害生命的恰恰是中共當局……我們得到了一份該事件（天安門自焚案）的錄影片，並從中得出結論，該事件是由這個政府一手導演的。」該聲明已被聯合國備案。

據《大紀元》獲悉，羅干是利用河南公安廳搞出的這個誣陷案，當時河南連續發生多起火災等死亡事故，被中央點名批評。河南公安廳很想找個別的方式「將功補過」，於是，在羅干策劃下，經過曾慶紅、江澤民的同意，在中央「610」的指揮下，央視副台長、「610」副主任李東生聯合河南公安廳人為上演了這個所謂「法輪功為了升天而自焚」的鬧劇，從而煽起不知情群眾對法輪功的仇恨。

簡單地說，中共編造的自焚騙局至少存在 15 個疑點，也可稱為 15 個「露出馬腳」的漏洞。2002 年 1 月北美中文電視台「新唐人」製作了揭露 2001 年「天安門自焚真相」的紀錄片《偽火》（False Fire），該片從各國參賽的 600 多部影片中脫穎而出，於

2003 年 11 月 8 日榮獲第 51 屆哥倫布國際電影電視節榮譽獎。該獎項在紀錄片領域享有盛譽，其歷史僅次於「奧斯卡」

人們從中央電視台的所謂現場錄像中，至少發現了下面 15 方面的疑點，令中共無法自圓其說。

疑點 1：央視畫面上警察先到位，然後自焚者才開始點火

疑點 2：天安門廣場巡邏的警察，怎麼會背個滅火器？後來央視辯稱是車載滅火器，但有行家指出，車載滅火器最多四公斤，畫面上那種八公斤的滅火器絕不是隨車滅火器。

疑點 3：突發事件，火燒起來幾分鐘就滅了，央視電視台記者簡直太幸運了，他們怎麼可能撲捉到這個鏡頭，而且還是長鏡頭、短焦距全方位的都有？

疑點 4，那個所謂被燒死的劉春玲，央視畫面顯示她是被後面一個武警用類似警棍的硬物擊中打暈後倒在地上被打死的。外國記者去她河南家中調查，她是個坐檯女，周圍人從未聽說她練法輪功。

疑點 5：大面積燒傷後說話底氣十足，劉春玲的 12 歲女兒劉思影氣管割開了，還能唱歌，外國醫生稱除非是醫學奇蹟。就在劉詩穎徹底恢復後，突然一天死了，因為有人怕她洩露實情。

疑點 6：自焚未遂者自稱是法輪功，但講的話完全違背法輪功理論。法輪功嚴禁殺生，包括自殺。自焚未遂者所說的冒白煙黑煙的說法，與德與業毫無關係。

疑點 7：自焚未遂者劉葆榮自焚前「喝了半瓶汽油」才往身上倒：喝到肚裡的汽油無法燃燒，而且還會令人嘔吐中毒，她喝油幹什麼？

疑點 8：劉葆榮先看到別人燃燒，還是看別人沒動？說法前後矛盾

疑點 9：96 年已開始煉功的女兒陳果，97 年又在母親的影響下開始煉功？2014 年陳光標帶去紐約的所謂自焚毀容母女，自焚偽案發生之前已經好幾年不煉法輪功了。

疑點 10：三個真假王進東：官方先後報導給出的王進東照片，從臉型、耳朵和聲音鑑別，是三個不同的人在扮演。自焚「王進東」的坐姿不是法輪功的打坐，而是解放軍的散坐。

疑點 11：警察拿的滅火毯，是晴綸的，能幫助燃燒的，真正的滅火石棉毯很重，得兩個人才舉得起來。

疑點 12：發稿速度異常、內容前後不一，英文稿最先出，連公安局都不知道。先說有 5 人自焚，後來又變成 7 人。

疑點 13：自焚者燃燒的不是汽油，因為不管有多少汽油，它們都會在一瞬間同時燃燒，並發出「砰」的一聲響，整個過程只有短短的幾秒。而央視拍到的延燒畫面長達幾分鐘。

疑點 14：滅火時，有個武警目不斜視地從旁邊走過，這違背人性。這邊在著火，人們都會看的，除非事先告訴他不許看。

疑點 15：不符合「中國國情」的執法行為：具有中共特色的警察應該會先一腳將「王進東」踹倒，然後用腳踩住他的頭；如果「王進東」企圖喊口號，那還得馬上堵住他的嘴。

2014 年 7 月一位看出自焚漏洞的加油站老闆說，「那個『自焚』的鬧劇實在是拍得很拙劣，不是中國沒有能人，應該是不太敢讓太多的人參與進來吧，畢竟那是一個見不得人的陰謀……」旁邊人聽了都說：「見過不要臉的，還真沒見過這麼不要臉的。」接著在場所有的人都登記退出了中共的黨、團、隊組織。

央視記者李玉強承認鏡頭有假

由江澤民集團自導自演拍出的「天安門自焚案」中，警察拿著所謂的「滅火毯」垂擺在王進東的身後，是在做戲，不是在救「火」。（視頻截圖）

自焚者王進東在天安門廣場上安穩地坐著，且是典型中共部隊裡軍人散盤的坐姿。警察拎著滅火毯在他身後靜靜地站立，等王進東對著鏡頭喊完台詞，才蓋上滅火毯；而且王進東兩腿中間的塑膠汽油瓶竟在大火中不燃燒、不變形。

明慧網 2003 年 5 月 14 日報導《央視「焦點訪談」女記者李玉強承認「自焚」鏡頭有假》一文披露，中央電視台「焦點訪談」女記者李玉強 2002 年初曾當眾承認「天安門自焚」鏡頭有假。

該文披露：「2002 年初，李玉強在河北省會法制教育培訓中心採訪王博時，曾和那裡被非法關押的大法學員進行所謂的『座談』，當時有法輪功學員問她『自焚』鏡頭的種種疑點和漏洞（尤其是已燒得黑焦的王進東，兩腿間夾的盛汽油的雪碧瓶子卻完好無損）。面對大家有理有據的分析，李玉強不得不承認：廣場上的『王進東』腿中間的雪碧瓶子是他們放進去的，此鏡頭是他們『補拍』的。她還狡辯說是為了讓人相信是法輪功在自焚，早知道會被識破就不拍了。」

在「自焚」偽案發生後的十多年中，有很多知情人向海外透

露的消息證實，天安門「自焚」是中共一手策劃的，在事件發生前，中共內部就已有消息走漏出來。

中國民主黨國內負責人之一林春水曾經向海外透露，公安部一高級官員 1 月 28 日向他提供的消息指出：王進東 23 日自焚，賈春旺 22 日就知道消息。

他還表示，在中央政法委的會議上，羅干曾經說（大意），根據掌握的情況，即使我們不讓王進東自焚，也會有張進東、李進東等跳出來表演。

明慧網 2010 年 10 月 13 日發表文章，大陸一位知情者披露，2001 年過年前，他所在單位領導告訴他，大年三十期間天安門廣場要發生自焚，並告訴他說，這個消息是上級通知的，北京方面下來的。該文分析說，按照常理，若不是中共自導自演這場鬧劇，既然它都能一級一級通知各地基層單位，有人要在天安門廣場搞自焚，並明確說是大年三十，要想制止這件事情的發生，根據中國的現狀及邪黨的勢力和防範能力，它完全可以控制天安門廣場不讓任何人出入，怎麼會在天安門廣場發生這場「自焚」鬧劇呢。

也有來自中共喉舌內部的人士向海外披露，所謂的「自焚」是當局策劃、喉舌配合造假。

自焚見證人：是我們部隊幹的

2015 年 12 月 19 日，明慧網刊登一篇大陸法輪功學員投稿文章講述，一位曾在北京當兵的高幹子弟坦承，2001 年發生在北京天安門廣場的自焚案是軍隊幹的，再次從協力廠商證實天安門自焚事件是中共一手導演，用來誣衊法輪功學員，欺騙海內外民眾，

製造仇恨宣傳的世紀偽案。

這位法輪功學員在文章中介紹，生意上的第一次接觸，對這位高幹子弟印象很好：「業務知識性強，思維縝密、健談。」隨後就向這位高幹子弟談到法輪功問題：「你經常在外工作，社會接觸面廣，你對法輪功怎麼看？比如天安門自焚的事？」

高幹子弟呵呵一笑便說：「法輪功啊！自焚那事我比你了解，那年自焚事件，我就在跟前。」這讓法輪功學員感到有些意外，他說：「從焦點訪談的鏡頭上看，除了當事人，消防人員就是武警，沒有群眾的身影啊？」

高幹子弟回覆說：「你說對了，那事之前廣場就戒嚴了，我是高幹子弟，在北京當兵，那是我們部隊幹的，別說群眾，連一個煉法輪功的也沒有。不過話說回來，法輪功影響太大了，有那麼強的凝聚力，連我們部隊都比不了，這樣一個民間團體，他們能容得下嗎？」

這位法輪功學員表示：「一個政府竟能光天化日之下撒這彌天大謊，顛倒黑白、迫害無辜，如何讓人們講誠信啊，信乃立國之本，老人常說：人無信不立。一個根本不講誠信的國家，將來發展下去會是什麼樣？孩子們將來又會怎樣？比如說：現今社會一個人跌在你眼前，你都不敢去看一下幫一下，這樣下去人類還有未來嗎？」高幹子弟也深表憂慮，但表示「那有啥辦法？」

法輪功學員告訴他，只有恢復傳統道德良知，讓人的善念、誠信復甦，國家和孩子們將來才有希望。接著，法論功學員問這位高幹子弟聽說過「『天祐中華，三退（退出中共黨、共青團、少先隊）保平安』的事嗎？」他回答說：「聽說過，不過不知道是咋回事？」

　　法輪功學員對他說：「人只有敬天畏地、尊重自然，重塑良知善念，重德誠信，國家才有希望，孩子們才有未來。你以前曾向無神論的黨、團、隊宣誓把生命獻給它，現在你要聲明退出來，才能避免這場浩劫。人常說：鄰居著火你不救，明天也會燒咱家。」

　　高幹子弟告訴法輪功學員：「黨、團、隊，我全占了。」

　　法輪功學員對他說：「從心裡向神發誓，以前不敬神的毒誓（舉拳宣誓把自己的一生獻給無神論的共產主義事業）全部作廢，珍愛自己的生命，擁有一個美好的未來，不用在社會上、單位裡寫什麼申請，不影響自身的工作前程，就是向天退、向神退。法輪功是佛法修煉，提升人類道德，讓人們擁有一個健康的身體，說白了就是在預言中說的末法末劫最後時期來救人的，請記住『法輪大法好，真善忍好』會得福報的。你三退了，你平安了。你家人的平安就由你負責，一定要告訴你的家人真相，讓他們也得到平安，共同走入美好未來！」

　　這位高幹子弟對法輪功學員表示感謝，並說：「我們家有很多黨員，我回去一定告訴他們，『真、善、忍好！』『法輪大法好！』」。

第四節

劉雲山被國際起訴

　　中共迫害法輪功之初，專門成立了一個凌駕於法律之上的「防範與處理邪教問題辦公室」，即「610辦公室」。劉雲山正是其核心成員之一，負責全國有關鎮壓法輪功的宣傳工作，而2013年12月落馬的原中央電視台副台長李東生，當時就是劉雲山的得力助手。

　　據「追查迫害法輪功國際組織」（簡稱：追查國際）通告查明的事實證實：「自1999年7月江氏集團開始對法輪功學員實施群體滅絕性迫害以來，劉雲山緊跟江氏迫害政策，利用其掌控的宣傳機器，用謊言詆毀法輪功，在中國大陸以至於國際社會上煽動對法輪功的仇恨，使得江氏集團的迫害政策得以實施。

　　劉雲山在江澤民一手操縱成立的中共中央處理法輪功問題領導小組（「610辦公室」即為該小組執行機構）分管反法輪功宣傳。

在迫害初期，劉擔任中宣部常務副部長，由於積極跟隨江澤民迫害法輪功，2002 年被提升為中宣部部長，直到 2012 年底。

這期間在中國大陸對法輪功的迫害達到了無以復加的程度，無數法輪功學員被非法綁架和關押、酷刑虐待，無罪判刑，眾多法輪功學員被致傷、致殘、致死，更有大量法輪功學員被以活體摘取器官的方式屠殺。這與劉雲山主持的宣傳有直接關係。」

追查國際還查明，劉雲山在各種會議上以宣傳（副）部長和中央文明辦主任身分，煽動民眾，誣衊法輪功。如所謂「法輪功死亡 1400 例」，「法輪功包圍中南海」、「天安門自焚案」等等，都是劉雲山參與策劃的。

有評論說，長期以來，積極參與迫害法輪功的文字打手們一直錯誤的認為寫文章攻擊法輪功學員的行為不負刑事責任，認為是所謂的「言論自由」。其實，言論自由不等於實施誣告陷害罪的自由、不等於黑幫老大發出犯罪指令的自由、更不等於享有權力者發出邪惡命令的自由。事實上，任何人明知其言論具有誣告陷害性質、會導致無辜的人受到侵害，卻仍然發表其惡意之詞，導致被侵害方被刑事冤判，其始作俑者不知悔改的就應當負刑事責任，發出邪惡指令導致他人死亡的更應該承擔刑事責任。

劉雲山涉嫌的刑事責任有濫用職權罪、誣告陷害罪、故意傷害罪、故意殺人罪。在國際法上看，由於劉雲山故意傷害和平民眾、侵犯人權，這是涉嫌反人類罪。

針對人權的犯罪，就是針對全人類共同利益的犯罪，世界上的所有法制國家都有權力管轄，特別是有法輪功學員的 120 多個國家和地區，更有直接正當的理由受理類似司法指控，中共迫害法輪功等於挑戰 120 多國的人權利益，威脅其公民的人身安全。

劉雲山參與三大政變

第三章

芮成鋼供出劉淫亂內幕

2014 年 7 月 9 日美中戰略與經濟對話在北京召開，央視卻大談中行造假洗黑錢，與習陣營唱對台戲。王岐山一怒下令將芮成鋼從直播現場帶走，以警告其後台劉雲山。不久網傳芮成鋼心理崩潰，全面交代劉雲山的貪腐淫亂等內幕。

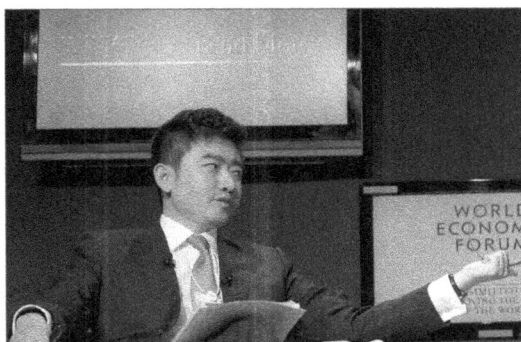

中央電視台主播芮成鋼被從直播現場被帶走，王岐山以此警告現任中共常委、掌管文宣的劉雲山。（AFP）

第一節

王岐山怒抓芮成鋼
敲打劉雲山

　　2014 年 7 月 11 日晚上 8 點半，中共喉舌中央電視台正要播出《經濟信息聯播》。不過，與往日不同的是，原本一男一女主持的 50 分鐘直播節目，這天卻只有女主播謝穎穎，那個著名的「白臉小生」芮成鋼哪去了呢？

　　按慣例，假如哪位主播生病了，央視仍有好幾個預備播音員臨時頂上或輪換，不會讓位置空著，何況播出的畫面可以看到男主播的話筒還擺在那吶。再說，央視的主持人一向是照稿宣讀的播音員，臨時換人並非難事。很明顯，這可能是故意露空檔，就好比一些報紙在特殊情況故意開天窗一樣。

芮成鋼強出風頭

果不其然，第二天海內外媒體紛紛報導，芮成鋼11日被中紀委抓走了。同一天央視共有三人被抓，除了36歲的芮成鋼之外，同時抓走46歲的央視財經頻道副總監李勇，以及另一名製作人。

李勇11日正準備隨團去巴西，參加央視「金磚峰會」的直播報導，但在機場海關被攔下。有消息說，芮成鋼是被檢察院直接從直播現場帶走的，王岐山想故意製造一種氛圍，威懾央視的人。

芮成鋼1977年9月出生在安徽，1999年進入中央電視台擔任主播，曾專訪過數百名國際商界、經濟學界以及政界領袖人物。

心高氣盛的芮成鋼因為一系列出格舉動而「馳名中外」。他2007年1月寫的《請星巴克從故宮裡出去》一文，一夜點擊量50萬，所提建議成為兩會議案，最終致使星巴克搬離故宮；2010年11月在韓國舉辦的G20峰會上，被奧巴馬誤認為是韓國人的芮成鋼表示，「I think I get to represent the entire Asia（我想我可以代表整個亞洲）」，語出驚人，引人側目。

在2011年9月大連的達沃斯論壇上，芮成鋼奚落美國駐華大使駱家輝「坐經濟艙來參會，是否有意在提醒美國欠中國錢？」；2012年4月，芮還把姚明作為NBA球星每年4000多萬人民幣的收入，與揚州市委書記不足20萬的收入對比，被人稱為毫無邏輯。芮成鋼還把美國前總統克林頓標榜成「我一個非常好的朋友」。

李勇是央視資深新聞和財經節目製作人，CCTV-2財經頻道副總監。他1993年調入央視，曾擔任《晚間新聞》、《早間新聞》等欄目製片人，1999年曾主持創辦《現在播報》欄目。

據《新紀元》獲悉，芮成鋼們的火速被抓，並不是偶然的，

他們早就被盯上了，只是這次又撞到槍口上了。

李東生之後 央視大地震不斷

中共宣傳部長久以來被中共江派前常委李長春、現任常委劉雲山先後所把持，自 18 大後，劉雲山把持的宣傳口不斷針對習李政權造事，令習李難堪。隨著習江鬥越演越烈，當局反腐已從政界、國企擴大到軍隊、宣傳系統。

2013 年 12 月，曾擔任央視副台長的原公安部副部長李東生落馬後，引發了央視人事大地震，數百人被中紀委調查。

此前《新紀元》報導了玩弄「筆桿子」的李東生為何一夜間拿起了「槍桿子」，這與周永康、江澤民迫害法輪功直接相關。當時李東生作為鎮壓法輪功的專職機構「610 辦公室」的副主任，參與、策劃了由羅干等人一手編造的「天安門自焚」，大肆誹謗、誣陷法輪功，從而得到江澤民的賞識和提拔。

2014 年 5 月 28 日、29 日，中共官媒罕見密集報導江澤民姘頭李瑞英被強制退出央視《新聞聯播》的消息，6 月 1 日，最高檢察院通報，央視財經頻道原總監郭振璽涉嫌受賄已被立案偵查。據悉，郭振璽利用央視廣告部門和財經頻道大肆斂財，擔任財經頻道總監九年間，其個人不當獲利至少達 20 億元。

6 月 6 日，央視財經頻道製片人王世傑也被帶走調查，他同時擔任財經頻道運營組財務總管。與王世傑一同被帶走的，還有一名年輕女主持人和一名女編導。

從那時起，李勇、芮成鋼就已經被中紀委盯上。郭振璽非常看重芮成鋼，2008 年 4 月芮加盟財經頻道後，郭一直力捧他。也

有消息說，除了牽扯郭振璽案外，芮成鋼自身也有經濟問題。據說芮的家人成立了一個公關公司，他的部分高端訪談對象，包括上多少分鐘央視，都明碼標價。

不過令人吃驚的是，早已被打草驚蛇、明知處境危險的「央視精英們」，仍然高調地針對當局。就在 6 月 30 日江澤民的「軍中最愛」、前中共軍委副主席徐才厚被查後的 7 月 9 日，央視推出一個特別報導，表面上是報導「中國銀行藉優匯通洗黑錢」，但實際矛頭卻是對準了曾經主管銀行的前副總理王岐山。

7 月 9 日早上，央視的《新聞直播間》欄目播出了一則爆炸性調查新聞《中行公然造假洗黑錢外匯管制形同虛設》，矛頭直指中國五大國有商業銀行之一、主管外匯兌換的中國銀行（簡稱中行）。

央視一直以來受到現任常委、掌管文宣的劉雲山的操控，屬於江澤民派系掌控的地盤。國家新聞出版廣電總局 6 月 18 日下發通報，禁止記者和記者站未經該單位同意私自批評報導。由此可見，上述新聞能播出，無疑是得到央視主管批准，以及更高級別的首肯，絕非偶然事件。

央視在節目中強調中國銀行某支行的工作人員說，「我們不管您的錢從哪來，怎麼來的，都可以幫您弄出去。」

央視稱中行是地下錢莊 監守自盜

央視報導說，在北京，一到周末大大小小的移民仲介就辦起各個國家的移民諮詢會。「您只需要花 50 萬歐元投資於葡萄牙不動產項目，您就可以擁有五年的黃金居留身分，五年過後就可

獲得永居，六年獲得國籍。」

中國由於外匯管制，每人每年最多只能換匯五萬美元，若想湊足動輒幾十萬、數百萬美元的投資移民款，前些年根本做不到。不過現在中國銀行能做了。央視記者宣稱調查發現，在收取千分之四左右手續費之後，中行就會給客戶提供一個叫「優匯通」的服務，這是一項「見不得光的銀行業務」。

優匯通全名叫「跨境人民幣結算業務」，中銀行工作人員說：「這雖然是人民幣跨境業務，但是沒有通過外管局的兌換系統，其實這麼做是打一個擦邊球。」

但央視並不認為這是打擦邊球，報導把中行說成地下錢莊，並藉專家之口稱其是在違法犯罪。報導還說，廣東一個越秀支行，一年內就把 60 億的人民幣送出了國門。這個支行的業績，只是排名第五。

據中國社會科學院稱，近三年，中國年均向海外移民人數已經接近 20 萬。假如每人以 200 萬人民幣來算，20 萬人就是 4000 億。如此龐大的資金外流，央視稱中行是「監守自盜」的罪犯。

習改革試點被央視稱為地下錢莊

這一結論讓中行坐不住了，當天下午，中國銀行發表聲明，稱他們這項業務是得到中央銀行批准的。親習近平、王岐山的「財新網」也發表多篇文章為中行解釋，稱這是習近平陣營在金融領域改革的一個新措施，只是在廣東試點。

報導說，「廣東省於 2012 年下半年已經開始試行個人跨境人民幣匯款，容許內地居民以個人名義進行人民幣匯款，而無需轉換美元再匯款。但這次試點相當低調，且限制條件嚴苛。被嚴

格限制在包括中國銀行等幾個銀行分行範圍內，而且不許對外大加宣傳。」

一名業內人士則很氣憤地認為央視用社會新聞的思路操作財經新聞，濫用媒體話語權。據這位前財經媒體人的說法，這項業務屬中外資銀行的常規業務，而且一直在做，廣東地區非常普遍。文章還分析了中行的這種試點與地下錢莊的區別：地下錢莊的信息，官方無法追蹤，除非被打擊到了，而優匯通通過銀行匯款，至少需要做國際收支統計申報，是可以監測到的，不易形成統計遺漏。「貪官、罪犯轉移資產大多仍用地下錢莊，而中行這項業務的客戶則要以移民、要境外購置資產的普通居民為主。」

儘管大陸媒體做了解釋，民眾的負面反饋還是非常強烈。7月9日當天，大陸兩市跳水，滬指跌 1.23%，深成指重挫 2.25%；港股則急跌超過 300 點，下跌股份超過 1000 支。中國銀行被揭涉洗黑錢，股價跌近 3%。

央視曝光洗錢背後的派系大戰

資料顯示，現任中國銀行行長田國立，1997 年任中國建設銀行行長助理；1999 年開始歷任中國信達資產管理公司副總裁、總裁、董事長；2010 年擔任中信集團副董事長兼總經理；2011 年出任中信銀行董事長；2013 年 5 月，任中行董事長。

在其簡歷中可以發現，田國立是王岐山當年主掌建行時的舊部，曾經擔任過王岐山的助理。田國立任中行董事長和黨組書記，外界普遍認為是王岐山在為自己的舊部在金融領域布局。

央視揭洗錢事件矛頭還對準了中央銀行，而現任央行行長、

朱鎔基的心腹周小川也不得不表態稱，中行洗錢傳聞需花時間弄清楚。值得注意的是，現任中紀委書記王岐山也是朱鎔基的圈內人。據說，現任國務院副總理馬凱、從中投公司回歸的財政部長樓繼偉和「破例」第三次出任央行行長的周小川，均是朱鎔基擔任國家經濟體制改革委員會（體改委）主任時的老部下。

據說朱鎔基一直不滿江澤民，也就是說，江澤民派系掌控的央視，這次把矛頭直指朱鎔基、王岐山的親信，其背後含義是很深的。

北京當局不得不進行的改革

中共宣傳部一直被中共江派前常委李長春、現任常委劉雲山先後所把持，自 18 大以來，劉雲山把持的宣傳口不斷針對習、李政權造事，令習、李難堪。隨著習、江鬥越演越烈，當局反腐已從政界、國企擴大到軍隊、宣傳系統，而央視的反撲也在意料之中。

作為央視，他們不可能不知道優匯通是習近平陣營上台實施的金融改革試點，中行工作人員在採訪中會告訴他們，但央視一直不點出這點，而是不斷點燃民眾的憤怒之火。

央視三人被抓，最關鍵的是他們播出中行所謂洗錢節目的時間，2014 年 7 月 9 日，正是第六輪美中戰略與經濟對話在北京召開的日子。這邊談判桌上，中國副總理汪洋和國務委員楊潔篪等人，正在與美國國務卿克里和財政部長雅各·盧，就人民幣匯率的結構性改革討價還價，而那邊央視卻在把人民幣結算改革說成是犯罪，央視公開唱對台戲，令王岐山十分憤怒。

《新紀元》獲悉，王岐山一氣之下，下令馬上抓捕此央視三

人，給挑起該事端的央視後台劉雲山來個下馬威。於是，芮成鋼在直播前被火速帶出，令央視節目差點開了天窗。

為何美國要與中國反覆談人民幣匯率問題呢？為何汪洋、王岐山、李克強等人要施行優匯通試點，讓大陸資金逃出海外呢？這裡面原因很複雜，概括起來，可從兩方面看。

首先，這是中國加入世貿 WTO 的承諾要求。2001 年 11 月 11 日，中國在加入 WTO 時，就承諾要逐步開放中國的資金市場，保證人民幣能自由流通和兌換，因為這是自由貿易的基石。美國作為 WTO 的主要執行人，有責任不斷敦促中國放開對人民幣的管制。

在世界其他國家，都沒有像中共那樣規定：公民每人每年只能兌換五萬美金的外幣，只要民眾的收入合法，兌換多少都是人民的自由。十多年來，中共一直在拖延對人民幣匯率以及外匯的強行管制，這令國際社會十分不滿，「取消中國最惠國待遇」，不承認中國是自由經濟的各種呼聲不斷高漲，面對強大的國際壓力，中共不得不逐步放寬對人民幣兌換的限制。

另一方面，北京也看到，民眾通過地下錢莊流出的錢數量巨大，中國富人想移民海外，北京是卡不住的，與其讓地下錢莊來掙這個錢，不如由國有銀行——中國銀行來做，這樣既讓官方有途徑可查資金流向，也能讓銀行增加收入。

李東生落馬後，央視在中紀委的調查下，依然上演中行洗錢的鬧劇，直接和習主張的改革唱對台戲，這說明習李王的改革，遭到了既得利益集團的拚命反撲。

央視接下來還會有什麼戲出台呢？央視背後的大老虎何時會現身呢？這是人們關心的話題。

第二節

傳芮成鋼供出劉雲山淫亂內幕

鐵流發文起底劉雲山

2014 年 9 月 14 日劉曉原律師爆出消息:《往事微痕》創始人、耄耋右派老人鐵流及其祕書黃靜凌晨 1 時被以尋釁滋事罪刑拘,其妻任鴻芳稱網警揚言,事由鐵流先生海外著文抨擊劉雲山。

8 月 28 日,鐵流在海外媒體發表文章《鐵流:「破除枷鎖,啟蒙民眾」,必須清算劉雲山反改革罪行》。文章中首次爆出中共 18 大上江派硬塞劉雲山當常委、8 個民主黨派反對劉雲山當常委、劉因淫亂被警告、大發新聞壟斷買路財等黑幕。

劉雲山不但有大量的財產說不清,他的親戚與爪牙不是在海外住豪宅,就是在中國各地把握新聞口,對新聞與網站收買路放行錢。情況之嚴重,已經超過胡作非為的政法委。

文章稱，劉雲山出生於山西忻州，其父母曾在內蒙當官，是薄一波的部下。劉雲山在政壇崛起，一靠薄一波的栽培，二靠江澤民的提拔。劉雲山是周薄謀反集團的支持者，他長期支持薄熙來「唱紅打黑」，是周永康政變的密謀者。

文章中稱，據賀國強揭發，劉雲山任內蒙古自治區團委副書記時，曾因亂搞男女關係被自治區黨委警告。90 年代任中宣部副部長後，仍和多名女性保持不正常關係。

傳芮成鋼供出劉雲山貪淫內幕

2014 年 9 月 15 日，時政評論人士莊豐發表文章《挺鐵流！籲習近平盡快處理「淫棍」劉雲山》。作者稱，他先前撰文《劉雲山將在任期內被抓捕》，這個預言必然實現！他先前判斷的事件多數已應驗，在第一次發博中就明確預測習近平會清洗「筆桿子」。如今，芮成鋼事件的出現，可以讓「劉雲山的死期」確信無疑。

文章稱，鐵流的文章主要揭露劉雲山扼殺言論自由的惡性，其中也提到劉雲山荒淫成性，但未詳述。網路上一些爆料雖沒有明確點名劉雲山，但從發表時間及一系列事件相互印證來看，劉雲山毫無疑問是頭牌主角。

文章援引網路消息稱，曾經有人舉報，一位前宣傳部正部級官員，在北京高級會所參加富商組織的宴會當眾吃美女的人奶，引起軒然大波，之後新華社立即組織文章聲稱是造謠。不過芮成鋼現在已經交代，這種事情的確發生過多次，當眾吃美女主持人奶的就是宣傳部的多位高官。

消息稱，芮成鋼交代了大量為中宣部高官拉皮條的問題。芮交代的有關宣傳部要員淫穢問題，已在網上傳開，對此主管宣傳的那位高官極為惱怒（因為當眾扒光美女主持人衣衫、吸吮美女人奶的也有此人在內），他親自下令嚴屬追查所謂造謠者。

隨後被帶走的央視名主持，就是因為芮成鋼的交代。這位女主持與宣傳部的主要負責人不僅是有經濟上的問題，還有更多見不得人的淫亂行為。現在她已經交代出這位宣傳部主要負責人的大量嚴重問題，這個滿嘴道德詞藻的偽君子下台，已經注定。

消息人士透露：根據央視要員以及芮成鋼和其他主持人的招供，央視已經成為周永康所主管的政法高官和宣傳部主管的後宮，尤其是主管宣傳的 L 某淫樂享受的淫窟，這些年來，他所玩弄的女性超過 380 餘人。

劉雲山是芮成鋼的後台老闆

2014 年 9 月 13 日，大陸著名社交網站凱迪社區、搜狐社區紛紛引用消息人士的話披露：「芮成鋼在被控制時，氣焰極其囂張，他口氣強硬地拒絕回答辦案人員的所有問題，並且質問說：『你們知道我是誰嗎？你們知道抓我的嚴重後果是什麼嗎？我會叫你們吃不了兜著走！』他還質問辦案人員，『抓我，劉常委知道嗎？』」

以上信息說明，芮成鋼和劉雲山的關係非同一般，劉雲山是芮成鋼的後台老闆。據稱，芮成鋼被紀檢帶走後，宣傳部主管馬上親自前往有關部門，要求他們立即放人。辦案人員不堪重壓，立即回報王岐山，最後王岐山拍板調查芮成鋼。

第三節

揭祕芮成鋼四大罪：
亂政、斂財、賣身、諜報

　　兩年後，就在令計劃案被傳要開審之前的 2016 年 4 月 12 日，大陸媒體披露，包括芮成鋼一案在內的、涉及央視的 20 多件案件已移交，將進入法院審理程式。

　　2013 年自從周永康案曝光後，人們知道了中央電視台就是中共高官的「淫宮」（淫亂後宮），那些台前光鮮亮麗的女主持們，很多只是高官們發洩淫亂的玩物。不過等到了 2014 年令計劃出事後，央視再爆出驚人消息：那個敢於「挑戰」奧巴馬的傲慢小生：芮成鋼，竟然也淪為了中共高官太太們的床上「尤物」，這一爆炸性新聞令很多人記憶猶新。

　　2014 年 7 月 11 日，芮成鋼在演播開始前被突然帶走，央視直播畫面上還故意留了一個空置的話筒。《新紀元》當時就分析，這是中紀委故意做給劉雲山看的。

從一開始，芮成鋼案就不只是一個淫亂案，而是牽扯到劉雲山、薄瓜瓜、溫家寶、令計劃、周永康、谷麗萍等諸多政治名人的大案，還牽扯到央視主持、娛樂界明星、商人、官員等，那就多得不用提了。

「開審芮成鋼」報導被刪

就在令計劃案被傳要開審之前，2016 年 4 月 12 日，《中國經營報》獨家報導說，「央視腐敗大戲即將進入法院審理程式」。該報記者「從吉林省法院系統某核心人士處獲悉，有 34 件案子，已經移交過來 29 件，不日將進入到審理程式。」

在央視被抓人物中，最具人氣影響力的當數芮成鋼。作為央視財經頻道的主要主持人，芮成鋼在中國頗具知名度，他的個人微博帳號的粉絲數量超過 1000 萬。兩年前芮成鋼被突然帶走後，信訊全無，如今要開審，自然引人關注。

回想兩年前那個「異常炎熱的夏日」：習近平、王岐山主導的反腐運動如火如荼。就在芮成鋼被抓的同一天，中央電視台財經頻道總監郭振璽、製片人田立武也被立案偵查。

《中國經營報》的消息一出，新浪、騰訊等多家大陸網站及海外中文媒體紛紛轉載，但很快大陸的轉載被封被刪，只有海外報導還存活著。

這是中共官方和各派釋放消息的慣用手法：放一下，馬上刪除，達到了既把消息散發出去，又給自己留下足夠的迴旋空間。真真假假的，就看各自解讀了。

洩密給外媒 誣陷溫家寶

芮成鋼之所以能成為劉雲山的愛將，據說與他積極攻擊胡習陣營，特別是攻擊溫家寶有關。

2012 年 10 月 25 日，中共召開 18 大前夕，《紐約時報》駐上海首席記者張大衛（David Barboza），發表了有關溫家寶家族貪污 27 億美元（約 170 億元人民幣）的報導。這對當時胡錦濤和習近平來說，無異於一顆廣島原子彈爆炸。

當時《新紀元》周刊就分析了這篇所謂獨家調查報告的漏洞：報導稱溫家寶的家人在 1990 年代就花幾千萬購買了平安保險公司的股票，而當時中國首富的所有財產才幾千萬，溫家是不可能有那麼多錢財的。而且那位記者張大衛一直是薄熙來的吹鼓手，而溫家寶是推倒薄熙來的關鍵人物。

當時數十家在北京的外國媒體都收到類似攻擊溫家寶、攻擊習近平家屬的爆料，但由於沒有其他證據，而且經不起核實，西方主流媒體都壓著沒有報，而《紐約時報》的張大衛卻把這些餵料當成自己的調查結果公布出來了。當時溫家寶的家人也聘請了律師，要告記者誹謗，同時溫家寶再次強烈要求公布財產，以正視聽，但被不願公布財產的江派人馬給阻撓了。

當時《新紀元》分析可能是海外的薄瓜瓜聯絡了張大衛，搞出了這麼一個報復溫家寶的栽贓陷害，如今看來，芮成鋼也參與其中。

據《中國密報》報導，在薄熙來沒有倒台時，芮成鋼經常炫耀與薄瓜瓜的關係，並經常在海外一起參加活動。芮成鋼與周永康的祕書余剛等人更是經常把酒交歡。甚至還有傳言稱，芮成鋼

涉及中共政治局前常委周永康的朋黨活動。

令計劃家族與芮成鋼的往來

令計劃與芮成鋼之間，到底是什麼關係呢？在令氏家族的政治與財富的版圖中，芮究竟扮演著什麼樣的角色？答案還很複雜。

據海外媒體報導，2002 年令計劃的養子、也是令計劃早逝大哥令路線的兒子令狐劍，成立了一系列廣告、公關、會展等公司，被稱作「強勢縱橫集團」，2009 年之後更名「趨勢中國傳播機構」。而這個「趨勢中國傳播機構」便是芮成鋼連接令家的一條紐帶。

據陸媒披露，芮成鋼與「網秦公司」的老闆林宇關係密切，而網秦公司常年聘用「趨勢中國傳播機構」做公關，於是，芮成鋼就和令狐劍相識相熟了。

關於芮成鋼利用職務斂財，央視內部消息人士透露，芮成鋼與家人成立了一間公關公司，利用採訪資源牟利。芮成鋼的部分訪談對象包括外國國家元首和高官，其來華行程、見哪些官員、做什麼宣傳，包括上多少分鐘央視，都明碼標價。消息人士還透露芮成鋼認識很多高官。其在自傳中也強調，在中國，關係很重要。

有自稱與芮成鋼熟悉的網民透露，芮曾是一家內地公關公司的股東，該公司目前已被某全球最大公關公司收購。並指芮收費看人面，如其主持的節目出席高官多，就象徵式收費，主要結識高官，否則就要天價收費。而他在央視與領導關係融洽，對普通員工則耍大牌，非常高傲，見面都不打招呼。

也有人證實說，芮成鋼 25 歲就和他人合夥成立了公關公司，

33 歲又被全球第一公關公司收購，芮成鋼全部撤股。這期間芮成鋼獲得了多少收益，恐怕只有他自己說得清。

與 20 多位副部級高官夫人有染

2015 年 8 月，據《匯報》報導，接近中南海的消息人士透露，外界對芮成鋼罪狀的眾多說法，並非條條屬實。作為自恃與政要們交情匪淺的「名嘴」，他自然傳播過不少關於高層人事和政策的「小道消息」，的確洩露過不少機密，但「間諜」罪名尚未得到最後確認；不過，芮成鋼涉嫌參與非法尋租斂財，確實規模驚人，金額是天文數字。消息人士預測：按照目前他涉嫌的罪名，至少會判無期徒刑。

消息並指，作為央視的縮影，芮成鋼的私生活之糜爛，遠超大眾想像。他的情婦隊伍，堪稱一支豪華版「紅色娘子軍」，人數足有一個排，僅據目前查實的材料，就有 20 多位中共副部級以上高官的夫人，與他上過床，她們的年齡普遍比他大 20 到 30 歲；而且，其中絕大多數他都留下當時淫亂的錄影帶。

據說，芮成鋼被審訊期間透露自己已暗中錄影偷情過程，而他被捕後不少高官夫人都動員各種力量相救。

報導說，這正是芮成鋼被指認為「間諜」，被人恨不得「食其肉、寢其皮」的原因：戴了綠帽子的高官得知妻子紅杏出牆，雷霆震怒，但家醜不敢外揚，恨芮的真實原因說不出口——說出來了，將使自己的老婆連帶顏面掃地，自己豈不也隨著大丟其醜？

無力的否認反證官場厚黑無邊

2014 年 12 月，曾經有海外媒體引述接近中紀委的消息來源稱，芮成鋼在被調查期間痛哭流涕，指控谷麗萍「強姦」，稱被谷麗萍所逼，自己是受害者。有評論稱，芮在接受調查期間聲稱自己被年長 20 歲的谷麗萍「強姦」，如果屬實，可謂刷新中共官場黑暗記錄，其劇情連好萊塢電影編劇都會自嘆不如。

據悉，谷麗萍一度聯繫海外媒體要求澄清：自己與芮成鋼並沒有傳聞中的關係，二人並不熟識。谷與芮只是在達沃斯論壇年會正式活動中見過面，並應芮成鋼的要求，接受了他一次短暫的採訪，此後再無聯繫。

但消息人士指出，情況並不像谷麗萍所說只是接受了芮短暫的採訪。實際上，他們在 2009 年達沃斯論壇上結識，一拍即合，打得火熱，二人多次祕密相見，谷麗萍甚至乘坐他人的私人飛機前往幽會。

不過，無論芮成鋼所說的強姦，還是谷麗萍所謂的澄清，分析一下不難發現他們都在說假話：即使第一次是谷麗萍強姦了芮成鋼，但後來芮成鋼與那麼多老女人搞錄像，只能說明芮成鋼是有意上床，用男色相來套取自己需要的內部信息。

據說谷麗萍年輕時如花似玉，當初還後悔嫁給了令計劃。從薄熙來審判庭上招供的薄谷開來與王立軍的「私通綠帽子」，再到令計劃與芮成鋼的「共產共妻」，還有周永康的「白雞王」，劉雲山的「人奶宴」，中共官場在江澤民治下出現的極端淫亂，令人噁心得想吐。

官方變相坐實芮成鋼的間諜罪

在芮成鋼傳說的罪名中，間諜罪是最嚇人的，因為官方歷來對間諜罪判刑最重。據微博實名認證的社科院研究員王國鄉在微博透露：「在闔家團圓的日子裡，身陷囹圄的人作何感想？可能面臨死刑的芮代表，你搞那麼多錢，還當特務，腦子壞掉了吧。」王國鄉還認同網友所說，「因為怕丟人，最後又以反腐為名了結間諜案」。

芮成鋼自稱每年至少三次見基辛格，而基辛格作為過氣的政治人物，如今美國還給他面子，就是因為他能從中國獲得一些特別的情報。光這一點，恐怕芮成鋼就難以保證自己沒有洩密，沒有利用提供信息來換取金錢。

令人倍感蹊蹺的是，這條充斥著敏感信息的微博獲得了數千轉發，並未遭到刪帖。似乎官方想有意傳播這個信息。無獨有偶，新華網當時也突然以《芮成鋼遭爆料是特務 網友：若是真的必須嚴懲》的口徑進行報導。評論文章稱，中共這是變相在承認芮成鋼諜案「或許是真的」。官方此舉實為罕見，或緣於芮成鋼確實是令計劃案中的一個關鍵人物。

稍早前，中共最高檢察院檢察委員會副部級專職委員陳連福表示，令案已移交檢方，正處於偵查階段，最快 2016 年上半年能提起公訴。接近兩高的消息人透露，會選擇靠近北京的法院審理，但由於令案涉及國家機密，估計不會公開審判。有評論認為，芮成鋼或是法院審理令案的關鍵人物，但按過往慣例，兩人這一部分案件審理情況應不會公開。

朴槿惠的告誡：別在欲望中迷失

　　曾是高考狀元出身的芮成鋼，出生在 1977 年 9 月，畢業於北京外交學院。2003 年進入央視英語頻道，五年後加盟央視財經頻道。他曾獲得中國播音主持「金話筒獎」，是央視採訪外國政要的主力。芮成鋼也被認為是「央視國際化的標誌」。獲得業界榮譽之外，他的一些言論也屢屢引發爭議。

　　借助央視的招牌，芮成鋼在政商界順風順水。然而在 2013 年 6 月，芮成鋼採訪韓國總統朴槿惠，採訪結束後，芮請求朴槿惠合影，並索要簽名照。交談中芮成鋼為拉攏關係，竟直接稱呼朴槿惠為「朴大姐」，這引起了朴槿惠的不悅，直言道：「你很聰明，但要記住，別把國家一詞當成個人欲望的道具。」但芮成鋼似乎不為所指，面對芮成鋼熱情不知道高低的題詞要求，朴槿惠用漢字寫下一行字：「芮成鋼，人生在世，只求心安理得就好了。」

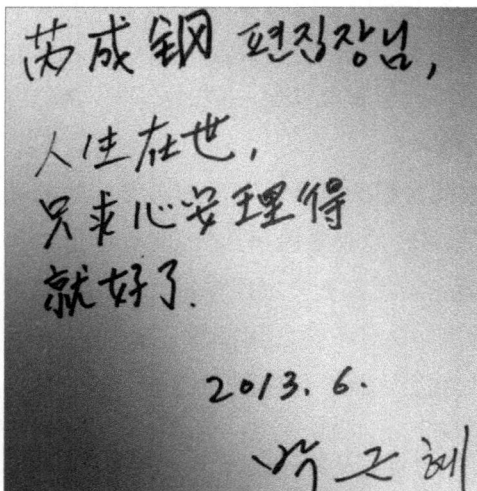

韓國總統朴槿惠曾給芮成鋼寫下「芮成鋼，人生在世，只求心安理得就好了。」（資料圖片）

當今受中共黨文化毒害的中國人，能有幾人明白中國傳統文化中講求的「心安理得」呢？芮成鋼根本沒把朴槿惠的告誡放在心裡。

左手抓權力、右手抓財富的芮成鋼，曾出過兩本自傳，「腰封」上滿載各路政界和商界的名人美譽。他在自傳中寫過這樣一句話：「曾經造就你成功的特質，也會讓你的城池毀於一旦。」沒想到竟一語成讖。

中國人心中都有一個芮成鋼

2015 年 2 月，芮成鋼從公眾視野消失半年後，中共中央機關報《人民日報》的微信公共平台上轉載了《中外管理雜誌》上的一篇文章《每個人心中都有一個芮成鋼》，告誡年輕人如何避免犯類似的錯誤。

文章分析說，稱狀元出身的芮成鋼青年得志，毀了他的是他自己。他出事的原因，一個是心太大了，另一個是心太急了。

文章指出，芮成鋼充其量就是一名英語流利、有才華的記者。採訪這些名人，就是工作平台賦予他的本職工作。他誤把自己的機會當作了自己的身分。至於他心太急了，指的是急著給生命添彩，急於成名、急於發財、急於升官。但急過了頭，就要付出代價。

其實，看看近幾年落馬的中共官員，無論是薄熙來還是周永康、或者李東生、萬慶良，他們都是在極度的名利心驅使下，幹了不該幹的事。人一旦放棄了道德和良知，就會與邪惡為伍，最後變得與惡魔一樣了。

劉雲山參與三大政變

劉雲山瘋了
公開否定依法治國

四中全會召開前一周，主管文宣口的江派常委劉雲山，除了推出「專政」言論攻擊習近平的「依法治國」外，還公開反對四位常委，並刪除習近平親弟習遠平為妻正名的文章。「天欲其亡，必令其狂」，劉雲山的瘋狂行徑反映江派的窮途末路。

劉雲山鼓吹專政且不斷封殺中南海高官的講話，其所作所為折射出中共江派的末路瘋狂。（AFP）

第一節

末路瘋狂
劉雲山公開否定「依法治國」

中共 18 屆四中全會前夕，以江派劉雲山為後台的中共左派刊登鼓吹「不能用法治替代專政」言論，公開與習近平確定的四中全會討論主軸「依法治國」叫板。學者、民眾一致譴責劉的言論「包含禍心」，試圖為腐敗者尋找政治開脫理由，江派圖窮匕見。

此外，劉雲山還不斷封殺中南海高官的講話，從習近平到李克強，從王岐山到溫家寶，還有習近平親弟弟習遠平為妻子正名的文章，也被劉雲山公然刪除。在一系列的發聲、曝光與刪文、屏蔽交錯上演中，江、習搏殺的刀光劍影清晰可見，劉雲山的所作所為也折射出中共江派的末路瘋狂。

習近平上台後的第二個四中全會，一拖再拖之後，依舊是阻力重重。

2014 年 7 月 29 日，江澤民的心腹、中共政治局前常委周永

康被「立案審查」，同一天北京宣布 18 屆四中全會將於 10 月召開，並公布主要議程是「研究全面推進依法治國重大問題」。到了 9 月最後一天，在江澤民、曾慶紅與習近平並肩露面後，兩派才談妥會議日期是 10 月 20 至 23 日。

劉雲山鼓吹專政 公開叫板習近平

2014 年 10 月中旬，眼看全會就要召開，中共內部卻出現針鋒相對的聲音：以劉雲山為後台的中共左派，在最新一期《紅旗文稿》上刊登《人民民主專政不可須臾離開》一文，鼓吹「不能用法治替代專政」；其論調與習近平當局確定的「依法治國」截然相反。

該文發表後被民眾一致譴責，如中國政法大學法制新聞研究中心研究員陳傑人發表博文《否定法治鼓吹專政意欲何為？——駁《紅旗文稿》謬論》，直接斥責此文「包含禍心」，「其否定新一屆中央領導集體倡導法治的用心昭然若揭」。

陳傑人表示，所謂「人民民主專政」，其中的「人民民主」只是個噱頭，「專政」才是核心。今天你可能是「人民」的一員，明天就可能成為被「專政」的對象，因為在專政體制下，判定人民的標準是「隨意的、不確定的、未可知的」，也就是說，在這樣的體制下「每個人都不安全」。

「所謂『專政』，就是一群人對另一群人隨心所欲的壓制，在這種關係中，專政者是統治者、是掌握一切主動權甚至隨時制定和改變規則的唯一強勢群體；而被專政者，則是缺乏安全、穩定和可期待保障的另類。稍有常識的人都知道，專政和法治的格

格不入，就在於法治的規則預設性、行為可期待性和全體人均需遵守，與專政的特權性、非穩定性與歧視性，形成了本質的衝突。」

文章還說：「所謂『人民民主專政』，其實是一個不穩定的、自相矛盾的、隨時可以被自我否定的偽命題和虛幻概念。」「它無非就是讓極少數掌握武器的群體，按其所需，對社會絕大多數成員實施隨心所欲的統治和玩弄而已！」

曾擔任《中國青年報》評論員和《人民日報》人民論壇總編輯陳傑人還表示，在四中全會重點研究法治的時候，《紅旗文稿》推出前述「混淆是非的謬論」，至少包含以下禍心：

第一，意欲從根本上否定法治，為極少數人毫無規則地玩弄億萬中國人製造煙幕，營造理論基礎；

第二，對中央領導集體公然叫板，從而為自身團體在決策層的地位和利益博弈中增加籌碼；

第三，基於當前反腐敗如火如荼的展開以及反腐政策中「一律平等、剔除特權」的法治思想，此等文章試圖為少數腐敗者尋找「政治開脫」的理由；

第四，意圖搞亂中國，使中國重新回到內鬥年代，而鼓吹者則妄圖利用當局火中取栗。

倡專政拒法治 江派圖窮匕見

面對劉雲山拋出的專政論，10月13日《京華時報》也回應說，即將召開的四中全會上「法治中國的頂層設計將整體托出」，「誰都必須守法，沒有例外的特權人、特殊人。」文章甚至引述古今中外著名法學家言論稱「法律必須被信仰，否則它便形同虛設。」

「一切法律中最重要的法律，既不是刻在大理石上，也不是刻在銅表上，而是銘刻在公民的內心裡。」

這場看似「專政」與「法治」之爭的輿論戰，表面看是不同派系不同政治理念的較量，其實是中南海內部「你死我活」的政治搏擊的外化表現，而搏擊的核心主線是習近平提倡的「依法治國」、強力反腐，與江澤民為首的貪腐利益集團為逃避迫害法輪功被清算而以各種幌子進行的反撲與博弈。劉雲山這樣公開與當權者唱反調，已形同「造反」，可見習、江鬥已到了圖窮匕見的關鍵時刻。

第二節

劉雲山瘋了？
宣戰四常委 羞辱習家人

習遠平紀念父親文章遭封殺

　　2014 年 10 月 15 日是習近平的父親習仲勛誕辰 101 周年紀念日。這一天習近平的弟弟習遠平在大陸《深圳特區報》發表一篇題為《梢林美麗》的紀念性文章。在 7000 字的文章中，一向低調的習遠平例外地談到很多問題。

　　文章以抒情散文格式，回憶習仲勛在陝甘寧邊區和劉志丹「鬧革命」的往事，「追憶父輩的革命往事」，「寄託對父輩的無限思念之情」，文章也含糊地提到部分歷史以及父親幾十年的冤屈。

　　當初毛澤東的部隊為躲過蔣介石的圍剿、同時逃避與日本人交鋒，選擇向西北逃竄、並伺機逃往蘇聯，進行了所謂「二萬五

千里長征」。後來毛澤東發現劉志丹、習仲勛在陝西北部、甘肅、寧夏東部搞的陝甘寧邊區辦得很不錯，於是決定改變長征路線，轉而落腳延安。

劉志丹、習仲勛把自己的軍隊交給了毛澤東，但由於高崗問題等權力爭鬥，劉志丹在 1936 年莫名其妙死亡，中共對外宣稱劉是陣亡。1962 年劉志丹的弟媳李建彤寫了長篇小說《劉志丹》，被毛定為是替高崗翻案，是反黨作品。該案牽連多人受迫害，習仲勛就是其中之一，習近平也因此成為「現行反革命」被抓入獄，當時的習近平才 15 歲。

此前習遠平還寫過一篇文章，說他父親一生最大的遺憾就是未能為一個大冤案平反，他指的就是劉志丹案。由於共同的命運，習仲勛和劉志丹兩家人關係非常密切。文章中提到習遠平和妻子張瀾瀾受母親齊心的委託，在 2014 年 7 月 3 日專程到西安看望劉志丹的女兒劉力貞和她的丈夫張光，並刊出了照片。

有些奇怪的是，習遠平還配了另一張照片，是他和年輕妻子張瀾瀾在 2008 年 10 月 15 日習仲勛誕辰 95 周年時，在北京習家，和母親齊心一起舉杯慶祝的照片。

很多讀者發現，這個張瀾瀾很漂亮、也很眼熟，原來她就是被稱為「軍中第一美女」、在公眾視線中消失了 8 年的大明星「張瀾瀾」。

劉雲山造謠稱張瀾瀾是徐才厚情婦

公開簡歷顯示，張瀾瀾原名張曉雪，1977 年 9 月 23 出生於重慶一普通工人家庭。小時候就學舞蹈，15 歲被成都軍區戰旗歌

舞團選中，成為主持人兼舞蹈演員。後來她在電視台擔任主持，主持過中央電視台的舞蹈大賽和中央軍委的春節聯歡，有「軍中第一美女」、大陸的「瑪麗蓮夢露」之稱。後來她進軍影視圈，連續拍攝了六、七部電視劇，成為知名女星。

不過 2008 年春晚後，一度炙手可熱的張瀾瀾突然消失，甚至網上有關她的貼吧也被關閉，「張瀾瀾」成為百度禁止搜索的敏感詞。但在 2012 年秋天中共 18 大前夕，張瀾瀾一度突然成為 Google 搜索熱詞。

2014 年 6 月 30 日中共前軍委副主席徐才厚落馬，博主「南都校尉」7 月 4 日轉載了「瀟湘劍客」7 月 3 日的博文《徐才厚的發跡史及其小夥伴的勾當（三）》，聲稱知道歌星湯燦和張瀾瀾與徐才厚、周永康之間的「祕聞」。於是網路上到處都在流傳張瀾瀾被徐才厚包養等消息，很多海外中文網站都轉載了這個消息。不久又有人謠傳她逃到了日本。

劉雲山公然羞辱 習遠平為妻正名

讀了習遠平文章後人們才發現，張瀾瀾是習遠平的妻子。習遠平出生於 1956 年 11 月，比張瀾瀾大 24 歲，現任國際節能環保協會會長。不過照片中 50 多歲的習遠平看上去像個不到 50 歲的胖富商。文章刊出夫妻倆和母親喝酒的照片，言外之意，張瀾瀾是習家正式接納的媳婦，這也是習遠平公布這張照片的真實用意。

結識習遠平的 2005 年是張瀾瀾的人生轉捩點。據《南國都市報》報導，她當時剛與任職中央電視台普通職員的前夫陳丹「分

手」；也有消息說，張瀾瀾與陳丹此前並沒有結婚。網上資料顯示，這也是習遠平的第二次婚姻。習遠平的第一段婚姻何時結束，外界都不清楚，只知道兩人育有一子，名叫習明正。

接下來人們才看出作者寫這篇文章的真實意圖：為自己的妻子正名、洗清誣陷之詞。文章稱，習遠平與張瀾瀾 2005 年相識，兩人從戀愛到結婚，不僅沒有多少人知道，當第一個兒子出生，張瀾瀾也暫時中斷了事業。

兩人在 2008 年北京奧運前夕結婚，習的母親齊心特別高興，親書兩句詩送兒媳「不愛人誇顏色好，只留清氣滿乾坤」。文章又稱張為嫁入習家，推掉 3 部電影。習遠平還讚美妻子說，「瀾瀾樸實率真，事業出彩，也持家有方，還特別喜愛『畫出耘田夜績麻，村莊兒女各當家』的家庭生活，她默默扮演起了一個好兒媳、好妻子、好媽媽的角色，對家庭與孩子的關愛與呵護，漸漸成為她生命歷程中一個特別階段的主題。」

文章還說，「這樣實率真的巨大歡樂，淹沒了種種世俗非難，『你不懂我，我不怪你』，這是瀾瀾常常引來幽默應對的一句名詩，以至於我們面對一些誤解乃至中傷時，懶於理會，往往一笑置之。」

不難理解，此處提到的誤解乃至中傷，是指習近平打落徐才厚之後，江派惡毒攻心，故意釋放關於張瀾瀾的假消息，把習近平的弟媳造謠為徐才厚的情婦。江派最早釋放的謊言說，張瀾瀾是徐才厚父子倆共同包養的情婦。這樣的文章別說讓習遠平、張瀾瀾讀到會氣得不行，就是讓習近平陣營的知情人讀到都會覺得發火。

習、江鬥公開短兵相接

從 6 月底到 9 月底，習遠平這口冤枉氣、這把怒火，在心裡壓埋了三個月，才在四中全會前夕藉自己的嫡系《深圳特區報》釋放出來。然而這篇文章很快就被劉雲山掌控的中國大陸宣傳系統全面封殺，只有香港《信報》在網路上的相關報導一度被屏蔽後又重新顯現。

有分析指出，江系媒體惡意釋放流言在先，劉雲山中宣部封殺習遠平的澄清文章在後，顯示江派與習之間的政治對決已從「台上握手、台下踢腳」的幕後鬥爭，進入到公開短兵相接的階段。也有網友留言同情習大大：「真慘，連弟妹的名譽都沒保護好啊」。還有網友感慨：「中南海鬥得你死我活，不是習近平把江澤民抓起來，就是習近平被江澤民暗殺，真是生死搏殺啊。」

江派公然挑釁 展示另一個「中央」

2014 年 10 月 9 日，李克強抵達柏林對德國進行訪問。10 日，李克強與德國總理默克爾會談後共同召開記者會，在回答記者有關香港雨傘運動的提問時李克強稱，自香港回歸後，中共「中央」政府關於「一國兩制、港人治港、高度自治」的方針沒有變，也不會變化。

路透社、BBC 等海外主流媒體紛紛對此進行報導。有輿論稱，李克強在國際場合的這一表態，等於公開正面回應香港的真普選呼聲。然而李克強的上述言論，卻在中國大陸遭到中宣部全面封殺，中共官方官媒和各大門戶網站對李克強的上述言論都隻字不

敢提，普遍採取圖片報導方式處理。

此前《新紀元》報導，在香港「佔中」問題上，習近平陣營和江派的態度明顯不同。習近平一方一再強調堅持「一國兩制，港人治港，高度自治」原則不變，不提中共人大決定，避談「佔中」集會性質；而劉雲山主導的媒體，則一再強調中共人大決定的權威，把「佔中」稱為「非法」、「攪亂」甚至「動亂」，避談「港人治港，高度自治」。毫無疑問，人們看到了兩個「中央」。

劉挑戰王 深圳蔣尊玉落馬消息被封

2014 年 10 月 14 日，曾多次獨家報導王岐山反腐動向的「財新網」，率先報導深圳市委常委、市政法委書記蔣尊玉被廣東省紀委帶走接受調查的消息。隨後多家大陸媒體跟進報導，但很快大陸媒體的相關報導都遭到刪除。

財新網報導稱，深圳市委常委、市政法委書記蔣尊玉 10 月 13 日下午被廣東省紀委帶走。13 日傍晚六點召開的深圳市常務會議已對此做了內部通報。報導引述消息人士指出，蔣尊玉的問題與其主政深圳大運會期間的主場館大規模工程建設有關聯，疑涉價值逾 20 億元的工程腐敗。在蔣尊玉被帶走之前，其妻子、女兒也被帶走助查。

資料顯示，2009 年王榮調任深圳市委書記後，蔣尊玉的仕途大幅「進步」。2009 年 8 月，蔣尊玉從深圳市水務局局長轉任市人居環境委員會主任；不到 3 個月，許宗衡貪腐窩案爆發，原龍崗區委書記余偉良案涉其中，蔣受命出任龍崗區委書記，主政大運工程；一年後，蔣尊玉晉升深圳市委常委，官至正廳級，成為

深圳官場上少有的兼任市委常委的區委書記；2013 年 4 月，蔣尊玉升任深圳市政法委書記。

在蔣尊玉晉升深圳市委常委後的 4 年間，深圳市、龍崗區兩級政府投資約 515 億元建設 400 多個大運會工程項目，其中上億元的大型項目共 80 個。10 月 14 日法廣分析，蔣尊玉被帶走調查，或將「向上延燒」。報導引述當地消息人士指，還有其他在職和已退休的級別不低於蔣的幹部涉案，而深圳政壇有傳言稱，出身江蘇徐州豐縣的蔣尊玉與出身鹽城濱海的王榮關係密切。外界一直認為，王榮是江澤民派系的幹將，並有消息指他是江澤民的侄子。

因此海外有分析稱，劉雲山封殺財新網等媒體對蔣尊玉被查消息的報導，是為了維護江系勢力而暗抗王岐山。

再刪溫家寶報導 劉向四常委宣戰

10 月 14、15 日左右，劉雲山不但封殺了習遠平給妻子正名的文章、堵住李克強的嘴不許他說「港人治港」、不讓王岐山打深圳大老虎的消息傳出來，劉還下令不讓溫家寶這個前常委露面。

10 月 14 日，溫家寶出席母校天津南開中學 110 周年校慶活動並發表演講。之後他還和學生們一起做體操，到球場打籃球，又到學生飯堂吃午飯。大陸門戶網站網易、搜狐、騰訊和香港親共媒體鳳凰網、大公網都先報導了相關消息，然後又紛紛刪除，不久人們只能在香港《明報》和《南華早報》以及海外中文媒體上看到溫家寶現身南開中學的消息。

據香港《明報》報導，南開中學的學生在網上稱，溫家寶是 13 日「南開公能講壇」第 60 講的主講者，演講題目為「我在南

開中學的日子」。演講結束後，溫家寶還到學生隊列中一起做體操，到球場打籃球，又到學生飯堂吃午飯。有學生透露，溫「在食堂吃了一碗土豆粉，盛飯的師傅說不要錢，他還是給了」。

觀察人士注意到，此次溫家寶露面，正值香港「佔中」局勢惡化，四中全會即將舉行的敏感時刻。作為黨內倒薄倒周的主要推手，退休後的溫家寶似乎每次都會在政局關鍵時刻露面力挺習近平。早前在薄熙來案件定調的關鍵時刻，溫家寶亦有一次高調打球，被外界普遍解讀為有象徵意義。

2012 年 9 月 28 日，薄熙來被開除黨籍、公職。幾天後，溫家寶 10 月 3 日晚在國家體育總局訓練局籃球館露面，並神情輕鬆參加了一場「籃球友誼賽」。據當時報導稱，這場比賽是退役籃球運動員和東城區籃球愛好者混合編隊，共同參與的一次全民健身活動，溫家寶在此次比賽中數次進攻得分。

這次溫家寶又出來打球了，還吃了一碗類似泡麵的土豆粉，於是人們猜測綽號「泡麵」周永康在四中全會上凶多吉少。

《新紀元》曾預測周永康最終會被判處死緩。也許是為了報復，江派不能阻止習近平打掉周永康，但在惡毒本性驅使下，封殺周永康剋星溫家寶的消息，也算出出氣。72 歲的溫家寶身體還那麼好，能說、能吃、能跑、能跳，打起球來不輸小夥子，這讓江派非常嫉恨。

《老子》曾曰：「天欲其亡，必令其狂」；古希臘也有名言說：「神欲使之滅亡，必先使之瘋狂」。如今江派劉雲山公開挑戰四常委，其瘋狂程度，只會促使他的政治生命結束得更早。

第三節

被習文藝講話當眾「打臉」
劉雲山變色

　　2014 年 10 月 15 日是習仲勳 101 歲冥誕，這天習遠平撰文為妻子正名，習近平也選在這天罕見地高規格主持一個文藝工作座談會，並在會上做了兩小時長篇講話，明槍暗箭矛頭直指劉雲山。

　　據中共黨媒新華網 2014 年 10 月 15 日報導，習近平當日上午在北京主持文藝工作座談會並發表重要講話。15 日晚《人民日報》政文部的公眾微信號「人民日報政文」發表文章披露，在聽取 7 位文藝界人士發言後，習近平發表大約兩個小時的長篇講話。

　　文章稱，通常中共最高層會出席中國文聯和中國作協的全國代表大會並作講話，也會出席一些重要的文藝演出，但本次文藝工作座談會既不是文聯和作協的全國代表大會，也不是年度例行召開的文藝工作會，習近平的出席和長篇講話堪稱是高規格和超規格，對文藝界而言是罕見的。

劉雲山被當眾「打臉」

報導說，習近平在講話中強調，文藝能代表一個時代的風貌，也能引領一個時代的風氣。而要想實現民族復興的「中國夢」，文藝的作用不可替代。習近平在講話中指出了文藝創作的諸多問題，存在著「有數量缺質量」、「有『高原』缺『高峰』」的現象，還存在「抄襲模仿、千篇一律」等問題，以及「機械化生產、速食式消費」的問題。

尤為引人注意的是，習近平警告「文藝不能在市場經濟大潮中迷失方向，不能在為什麼人的問題上發生偏差，否則文藝就沒有生命力。」

官方播放的座談會視頻顯示，習近平與劉雲山在開會過程中形同陌路，而劉雲山的臉色一直很難看，斜著眼看習，如同被架在火上烤。對此，時政評論員邢天行表示，習近平的講話其實等於在公開否定劉雲山的工作，劉猶如被當眾「打臉」一樣，被架在火上烤。習特意提到「文藝不能在市場經濟大潮中迷失方向」，等於是斥責劉雲山主管的文宣「已經迷失方向」，所以才不得不由習出面糾正。

他還分析說，劉雲山在宣傳口頻頻挑釁習近平陣營，包括刪除諸多涉及高層人物的報導，而這一系列舉動顯然出自江派授意，因為其公開挑釁的幾位重量級人物均屬習近平陣營，這很可能是導致習近平將其擺上檯面公開「打臉」的原因。

沒提毛的延安講話 習關注傳統文化

大陸著名持不同政見者杜導斌在推特上發帖說：「注意到一

個細節，這次習近平先生沒提毛澤東的那篇噁心死人的延安文藝講話。」

按照中共慣例，總書記談文藝，一定會談到毛澤東提出的「文藝為政治服務」的大方向，但習卻說，「要想實現民族復興的『中國夢』，文藝的作用不可替代。」《紐約時報》撰文表示，習近平重視的是傳統文化。

美國《紐約時報》10月14日發表評論文章稱，2014年9月，在紀念孔子誕辰2564年的論壇上，習近平說，傳統文化「可以為治國理政提供有益啟示」。習近平9月在北京造訪一所大學時表示，對於「學校應減少中國古典文學的強制性學習」的提議，他感到很悲哀。他說，「應該把這些經典嵌在學生的腦子裡，成為中華民族的文化基因。」

《紐約時報》稱，尚不清楚習近平對經典著作的熱情源自哪裡。習近平進入成年時，中國正在開展「文化大革命」，古老傳統遭到攻擊。但習近平表示，他一直喜歡讀書，包括中國的經典著作，甚至在青少年時期被下放到農村勞動時，也喜歡讀書。

習近平批評央視大樓和低俗文化

會上習近平還談到中央電視台那個被稱為「大褲衩」的新樓，習說，「不要搞奇奇怪怪的建築」。有人預測，北京市今後不太可能再出現如同央視大樓一樣奇形怪狀的建築了。然而習近平有關央視大樓的話，也被中宣部刪除了。

2013年12月，江派鐵桿、曾任中共央視副台長、公安部副部長的李東生落馬後，引發央視人事大地震，數十人被中紀委調

查，持續震盪至今。

李東生曾是前中共政法委書記周永康的心腹。李東生任央視副台長時，不但自己玩弄央視女記者、女主播，還不斷向中共高層官員輸送央視美女，性賄賂成了李東生向上爬的伎倆。央視成了中共高層的「後宮」，被民眾譏諷為天下第一號大妓院，只是「襠」中央（中共）的玩物。

在談到目前文藝界為迎合市場而搞出的低俗文化時，習近平表示：「低俗不是通俗，欲望不代表希望，單純感官娛樂不等於精神快樂」，「文藝不能當市場的奴隸，不要沾染了銅臭氣。」

江派「三俗」代表趙本山缺席

人們也注意到，以「三俗」出名的趙本山，沒有出現在這次的文藝座談會上。據說，胡錦濤、習近平、彭麗媛等，早就非常反感趙本山；但由於江派力挺，趙本山才能在春晚上壽霸很多年。趙本山曾積極跟隨江澤民，多次演出誣衊法輪功的節目。

趙本山的小品，經常糟蹋農民、殘疾人和弱勢群體，這個惡俗的特點在 2000 年被江澤民看中。同年秋天，江的「軍師」、時任中共組織部長的曾慶紅親自召見了趙本山，吩咐他在 2001 年央視「春晚」上利用小品，把中共對法輪功的態度表達清楚。曾慶紅說：「這是江主席的意思，只許成功不許失敗。」

2001 年大年三十下午，中共前黨魁江澤民集團在天安門廣場導演了一場震驚中外的「天安門自焚」事件，以此來栽贓誣陷法輪功，幾小時後的央視「春晚」立刻上演一台含沙射影誹謗、醜化法輪功的小品《賣拐》，詆毀法輪功創始人李洪志先生與善良

的法輪功修煉者，進一步挑起中國民眾對法輪功的仇恨。

此後趙本山被江系內定為「小品王」，每年必上「春晚」，無論表演怎樣，「小品王」的頭銜都只能屬於他。

為此趙本山等人繼續主動討好江，2002 年又表演《賣拐》續集《賣車》、2005 年出演《賣擔架》等，也都在含沙射影誣衊法輪功。

除了積極配合江澤民醜化誣陷法輪功外，趙本山還參與江澤民、曾慶紅安排的，由薄熙來、周永康具體實施的推翻習近平的政變活動。薄熙來落馬後，網路盛傳一份「薄熙來謀反集團參與者名單」，趙本山榜上有名，他被許諾將在薄、周政變成功後出任文化部長。

派周小平出席 劉雲山暗算習近平

習近平一向重視網路新型媒體。這次在文藝座談會上，習近平辦公室特意讓劉雲山安排一些網路作家到會，誰知劉雲山又藉這個機會暗算了習近平一次。

據說那天習近平在談到互聯網文學時問道，「聽說今天來了兩位網路作家，是哪兩位啊？」周小平、花千芳迅速站起來並向總書記舉手示意。「你們好！」總書記說。兩位年輕的網路作家略顯緊張地回答：「您好，總書記！」座談會結束時，習近平還走到他們面前，親切地說：「希望你們創作更多具有正能量的作品。」

沒想到，這番對話引發網路激烈爭論：因為這個周小平不是真正的網路作家，而是劉雲山毛左的網路代言人。

人們在網路上搜索周小平發表的作品，其代表作是《請不要

辜負這個時代》，而該書被 95.6％的豆瓣網讀者評為最低級別的
「一顆星」。有多達數百的豆瓣成員，以「現代傻逼學研究材料」
等標，含嘲諷意味字眼標籤評價該本書。

同時，很多人指出，周小平「此人不學無術，文字功夫粗淺，
只是憑著情緒化的語言和信口開河的論證來搏出位，也靠維護中
共意識形態來博取文宣系統的賞識」。有不少網民對周小平這樣
的人能夠「躋身廟堂」大惑不解。

一向被視為江派喉舌的《環球時報》對此迅速跟進，發表題
為《習大大見周小平 有人心裡打翻了五味瓶》的文章，竭力放大
習近平和周小平等二人的關係，鼓譟習近平見周小平和花千芳是
因為「重視」此二人代表的「聲音和力量」，並宣稱這是許多自
由派人士感到「憤怒和失望」的原因。

更離奇的是，在大陸廣為人知的《參考消息》報上，竟然在
第 10 版同時放上了周小平的三篇文章，使得該版幾乎成為周小
平作品專版，令無數網民驚呼「看不懂」，紛紛抨擊《參考消息》
無恥媚上。這次文宣系還一反常態，對網民的抨擊不但不予刪貼，
反而對這個話題不遺餘力熱炒，唯恐網民的罵聲不夠高。

據中共黨建網的介紹，周小平生於 1981 年 4 月，四川自貢人，
「宏觀經濟分析師」、「知名時評人」，曾在幾家互聯網企業供職，
《環球財經》特約評論員。儘管周小平以民間網路寫手的面目出
現，但其人的文章卻深得中共宣傳系統的青睞，其本人也被指與
宣傳部門和網路輿情監控部門關係親密，如 2014 年 7 月，中共
撫順市委在其官方微博發出通知，要求撫順的網路宣傳員在新浪
和騰訊對周小平的文章《美國對華文化冷戰的九大絕招》進行評
論和轉發。

劉雲山不斷企圖綁架習近平左轉

習近平被劉雲山暗算之後，新華社開始起底周小平，藉此來反擊劉雲山。10 月 16 日，新華社刊發文章《習近平問起的網路作家是何許人》，介紹周小平的身分，但語氣略帶嘲諷，稱其頭銜為「自我註明」。

文章例舉周小平在其博文《謠害天下，無人懺悔》中對另一位網路知名人士@薛蠻子提出公開批評，說「薛蠻子為淨水器推銷，詆毀中國水質有毒，造成舟山帶魚養魚場滯銷，當地無數養殖農戶面臨破產。」但經網友查證後發現，根本不存在「帶魚養殖」這種事情，周小平也因此獲得了「周帶魚」的綽號。

自「南周事件」後，把持宣傳口的江派常委劉雲山曾多次利用官方媒體及網路水軍刪除或歪曲習近平講話，意圖以意識形態綁架習近平，並極力塑造習近平的「毛左」形象。此次劉雲山故意把周小平強加給習近平，也是為了同一個目的，綁架習近平向左轉。哪知習陣營馬上反擊，曝光周的劣跡，這等於把周小平與習近平切割開了。

一個會議就有這麼多曲折故事，可以想像，住在中南海裡的人日子並不好過，不把製造禍端的江派大佬清除，恐怕這樣的苦日子還多著呢！

第四章 劉雲山瘋了 公開否定依法治國

劉雲山參與三大政變

第五章

劉興風作浪
王岐山奉命還擊

江澤民在現任政治局的主要代理人劉雲山，利用掌控的宣傳系統興風作浪，並屢刪習近平談反腐的重要言論，惹惱習近平，結果引來王岐山出手，頻頻四次還擊，只是中南海博弈的小插曲，不過也讓外界見識了雙方矛盾之深厚、衝突之長久。

中紀委王岐山不斷對劉雲山掌控的中共宣傳口進行巡視，包括人民日報社、央視、新華社等。（Getty Images）

第一節

蹊蹺的人民網副總編被抓

2015 年 5 月 27 日，大陸媒體網易原創新聞部門通過網易新聞客戶端和微信公號發布消息稱，中共黨媒人民網副總編輯徐輝日前被帶走調查，據人民網此前內部一定範圍內通報稱，徐輝因「涉及經濟問題」被有關部門調查，對其正式停職。據傳徐輝是被中石油的貪腐牽出，也有說法稱可能延伸到中共黨媒的高層。

不過，網易新聞客戶端的報導很快被刪除，據稱是因為人民網負責人直接找到網易最高層施壓，然而該報導的微信版本仍然可以打開。

徐輝被調查的消息從 5 月 25 日開始在媒體圈內流傳，當時的傳言稱，除了徐輝外，人民網還有數個部門負責人被帶走，不過這些議論基本都在微博上被嚴密刪除。後來有消息說，只有徐輝被調查一事被官方正式內部確認，其他失聯者或是在協助調查

徐輝案。

徐輝或為犧牲品

資料顯示，徐輝畢業於中國人民大學新聞系，進入人民網後，歷任財經部主任、總裁助理等職，2011 年，任人民網副總編輯。徐輝負責對外聯繫，並多次代表人民網出席各種論壇活動，其對外發言多圍繞在金融、產業等經濟領域。

網上有消息稱，很早之前徐輝就有利用不刊發監督類報導來換取廣告利益的傳聞。有企業舉報說：「他的部下給企業的公關部門發去未刊發的新聞稿，大意是這企業的產品存在什麼問題。然後我們給他打電話，他就說，什麼時候到他辦公室去談談。然後我們去了，去了之後，就是要我們給多少錢，投多少廣告，或者搞什麼合作。」

事實上，在中共官媒新華社分社的營銷系統、人民網地方頻道、產業經濟頻道以及央視的部分欄目中，尤其在網路媒體中的人民網、中國經濟網等，這類做法可謂屢見不鮮，早已是痼疾。

此前的 2015 年 5 月 20 日，中共國家新聞出版廣電總局新聞報刊司在北京召開工作會議。會中宣稱，在專項治理工作中，撤銷了 1141 個中央新聞單位的駐地方機構，共清退違規人員 1435 名。

傳徐輝案與中石油有關

《南華早報》曾向人民網查詢有關的報導，但未獲回應，不過有消息表示，徐輝是在 5 月 20 日被帶走調查的，傳其與一家

規模相當大的石油公司有關。報導引述消息人士說：「這家石油公司被（紀委）調查時，有提到他的（徐輝）名字，而其他公司之前也曾對他作出類似的投訴，所以他們決定調查他。」有消息稱，這家石油公司就是中石油。但也有說法是，對徐輝的調查可能延伸到人民網甚至《人民日報》社高層。

提及中石油在網路上掩蓋醜聞，令人印象深刻的是在薄熙來案件還沒燒到周永康案之前，大陸網站出現了有關中石油花上百億元刪除日本女優門的驚人消息。

2012 年 5 月初，大陸網站論壇上出現了「中石油 AV 女優」特大醜聞曝光的帖子，「AV 女優」是對日本成人影片（Adult Video）中女豔星的稱呼。沒過多久，這些帖子被刪除了。然而幾天後，一則「中石油 AV 女優門驚爆網路，刪貼費已達 100 億」的爆料，再次令人震驚。

當時，正值中共 18 大前的人事搶位戰炙熱之際，「中石油 AV 女優」既曝光了特大性醜聞，又揭開了中石油的經濟黑帳，重擊了中共高層石油幫，讓 18 大搶位戰增添了戲劇效果。

至於徐輝涉及的廣告是否與中石油的女優門有關，人們不得而知，但官媒收錢掩蓋國企醜聞的事在大陸卻比比皆是。

人民網上市黑幕很多

人民網是由中共黨報人民日報社控股的媒體企業，以新聞報導為主。其前身為《人民日報》網路版，於 1997 年 1 月 1 日正式進入互聯網，2012 年 4 月 27 日在上海掛牌上市時，在大陸民眾中還引起很大波瀾。人民網是第一家上市的官營媒體。

當時民眾普遍擔心，人民網會成為第二個中石油那樣坑害老百姓的「萬人塚」。開盤第一天，人民網就暴漲76.40％，牛氣沖天，不過人們發現，人民網的招股說明書沒人能看得懂。說明書上網站的流量和收入都是筆糊塗帳。招股書稱，人民網廣告和宣傳收入超過行業的平均速度。但其2011年客戶高度不透明。有股民表示，其大股東《人民日報》（股份占比66.01％）年年虧損，竟然還來做上市公司的「堅強後盾」，整個就是蒙百姓。

人民網是江派劉雲山的地盤

人民網除了經濟帳糊塗外，政治上更是長期由貪腐至極的江澤民派系李長春、劉雲山掌控。中共18大後，負責文宣的江派常委劉雲山不斷對習近平當局的政策進行消極抵制，或封殺習講話製造事端。

習近平陣營對劉雲山宣傳口的清洗動作也一直不斷。除人民日報社之外，央視、新華社也被中紀委王岐山巡視，高層人事也已變動。另外，地方宣傳系統官員被查、自殺以及人事變動也頻頻發生。

2014年4月30日，楊振武接任人民日報社長，原社長張研農卸任；李寶善任總編輯，楊振武卸任總編職務。資料顯示，楊振武是習近平在河北正定縣工作時的同事。稍早，《人民日報》副社長及副總編輯也於4月25日同時換人，5天之內，替換了4名最高層，相當罕見。由此可見，江派與習陣營在人民日報系上的較量，甚是激烈。

蹊蹺的官方封鎖與緘默

傳聞說，徐輝是因為新聞敲詐而被查，但他被查後，官方嚴厲封鎖消息，不讓外界知曉此事。與此相反的是，九個月前，21世紀報系總編因同樣罪名被查後，卻鬧得風風雨雨，全球皆知。

2014 年 9 月，南方報業集團旗下的 21 世紀報系總編沈灝、總經理陳東陽被上海警方從廣州帶走調查，官方稱他們涉嫌與新聞敲詐，當天下午，南方報業傳媒集團召開黨委會，對沈灝和陳東陽進行免職。後來該報業在北京的公司也被查。到了 2015 年 4 月，大陸主要傳媒均大篇幅報導了上述有關網站被下令關閉和雜誌刊號被取消的新聞。

2014 年 9 月 3 日，上海市公安局以新聞敲詐為由，抓走了21 世紀網主編等 8 人。在沒有經過審訊的情況下，被捕的高層和記者已經在鏡頭前「交代」認罪。

對於上海警方異地到廣州抓人，原新華社記者石玉表示，沈灝也算是新聞界的一個標誌性的人物。媒體都或多或少的有這些（經濟問題）現象，「但是據我對 21 世紀的了解，我覺得他們個人也不可能做這樣的事。」

大陸媒體人紛紛感慨說起，罪名只是藉口。21 世紀網被調查，是有關當局打壓南方報系的一種選擇性執法。他們說，「顯然，不換思想就換人，是真的啊。」

香港《明報》消息稱，過去一直不滿南方系立場的左派人士（主要以劉雲山為代表），趁機整肅南方系。也有分析認為，21世紀有可能因為報導阿里巴巴的負面消息，被阿里巴巴背後的上海利益集團報復。

當時剛在美國上市的阿里巴巴，被海外中文媒體大量曝光了其雄厚的政治背景和軍方背景，不過在中國，只有《21世紀經濟報導》在一篇題為《誰的阿里巴巴？阿里巴巴集團股權變更史》的研究報導中，公開阿里巴巴背後的權貴資本，其中包括前中共黨魁江澤民的孫子江志成創立的博裕投資。

新華網報導宣稱，阿里巴巴已經報案，稱正在遭遇輿論敲詐，有機構要求阿里巴巴出資30萬美元，買斷與公司相關的負面研究報告。大陸時政評論員陳明慧說：「我認為這是大老虎的利益集團和附屬權貴的一些商人，互相勾結對媒體人的一種陷害栽贓，政治構陷，那些大老虎最怕的一個是記者，一個是律師，律師和記者也免不了成為高層鬥爭的犧牲品。」

當時《人民日報》旗下的《環球時報》還發表評論，認為21世紀網新聞敲詐手段惡劣、波及面大、影響惡劣，作為總編和總經理被警方帶走調查，也是一件正常的事情。但今次人民網涉嫌新聞敲詐，卻是無聲無息被刪除消息。

事實上，2014年中紀委下令新華社駐上海分社退還350萬元人民幣給交通銀行，這筆款項本來用作掩口費，以免新華社刊登不利該銀行的消息。這宗21世紀報系事件性質類似，卻沒有一人被查。

第二節

副總編被查
人民網總裁廖玒或有牽連

廖、徐二人工作多有交集

　　據報，2015 年 5 月 27 日人民網副總編輯徐輝被帶走調查。早前便有徐輝利用不刊發監督類報導來換取廣告利益的傳聞，而類似做法在中共官媒中並不少見。問題是，徐輝的此種做法，是否得到了人民網高層的默許？

　　當時人民網有限公司的副董事長、總裁是廖玒，他於 2010 年就任，還兼任人民網總編輯，即徐輝的直接上司。廖玒升任總裁後，徐輝也被升為副總裁。2015 年 4 月，廖玒突然被免去總編輯一職，蹊蹺的是，媒體披露廖的任期終止時間為 2016 年 10 月 27 日，提前被免職，或許與東窗事發的徐輝涉貪案有關。

　　負責對外聯絡的徐輝對於廖玒有著相當重要的作用，二人在

許多公開場合常同時露面。以 2012 年 7 月 9 日上海綠地集團與人民網戰略合作協議簽約儀式為例，當時參加儀式的有綠地集團董事長兼總裁張玉良，以及廖玒、徐輝等。

這個聯合也非常有看頭；一個是有中共官媒背景的網路媒體，一個是上海國資委掌控的集團公司，二者建立了合作關係，意味著什麼？背後有什麼貓膩？作為背後操盤手的徐輝無疑是知曉的，而廖玒也不會被排除在知情者之外。

與江派背景集團關係匪淺

綠地集團業務包含地產、能源、金融、建築、酒店及商業運營、汽車銷售與服務等多個板塊，這些生意都需要與政府打交道。此外，它不僅在上海進行房地產開發，而且還在 2007 年進入遼寧開發地產項目，總投資超過 150 億元，總建築面積超過 260 萬平方米。

當初簽署協議時，時任遼寧省委副書記、省長陳政高還親自前往上海，上海市副市長胡延照也出席了儀式，綠地集團的官方背景果然不一般。此外，綠地集團據悉最早由上海農委和建委主管，目前由上海地產集團和上海城投總公司控股，而這兩家國企公司都有江派背景。

代表人民網的徐輝如何與綠地集團攀上了關係，如何「互相利用」，廖玒在多大程度上介入徐的腐敗或者其他事宜，雖然還是未解之謎，但其為人卻可從 2011 年前往重慶吹捧薄熙來、2012 年薄被抓後「變臉」可見一斑，而且其還報導過詆毀法輪功的新聞。

一句話，常在河邊走的廖玒，不濕鞋是根本不可能的。

第三節

王岐山單挑劉雲山
人民網與中紀委開戰

徐被抓前日 人民日報為反腐定調

就在徐輝落馬的前一天，5 月 21 日，《人民日報》微信公眾號發表文章《不局限於一城一地，中央反腐正在布更大的局》。

文章稱，中紀委已經有段日子沒「上頭條」了。這讓一直在猜「下一個大老虎是誰」的人不禁犯起了嘀咕：「老虎」落馬速度變慢了，難道是中央反腐力度減弱了麼？

文章自答稱，在反腐取得「震懾性」成果後，中央也已開始著手從制度層面布局，推動從不敢腐向不能腐、不想腐轉變。

文章還稱，「未來對於紀委來說，打落的老虎體量有多大、數量有多少將不是最重要的，讓制度建設真正發揮作用才是工作的重中之重」，「反腐是場長期鬥爭，幾隻老虎的落馬只能震動

一時，並不能徹底解決腐敗問題。」

華府中國問題專家石藏山說，此文一出，配合了海外江派媒體釋放的「打虎剎車論」，似乎在為未來的反腐定調：習近平、王岐山的「打虎」要結束了。

四天後中紀委警告官員 「抬頭看路」

2015 年 5 月 25 日，中紀委監察部網站發表文章《講政治、顧大局》。

文章列舉了當前的五大現象，包括一些中共黨員幹部仍然不收斂不收手；反映領導幹部的問題線索還在增多。文章稱，這些都表明，腐敗蔓延勢頭沒有得到完全遏制，形勢依然嚴峻複雜的判斷沒有過時。

文章還稱，紀檢監察機關處在最前沿，「不僅要埋頭苦幹，更要抬頭看路，把中央精神吃透，牢記於心。」

石藏山說，文章的前半段，顯然是在反駁 21 日《人民日報》的文章，也就是「不敢腐」的局面還沒有形成。再換句話說，就是「大老虎」還要繼續打。

石藏山認為，紀檢官員「更要抬頭看路」，實際就是要那些官員看清楚習近平、王岐山的要求是什麼，其實言語間已經把常委之間的惡鬥公開了出來。人民網副總編被抓，顯示王岐山已經因為劉雲山私自「定調」而與其翻臉，也顯示當下的習近平與江澤民的兩大陣營激烈爭鬥達到白熱化。

駁「打虎剎車」論　習王胡溫聯手反擊

當時有海外媒體釋放消息稱，現在要拉下馬的高官都是江澤民、曾慶紅的人，都是江、曾在位時重用提拔的人。由於江、曾反撲，導致北京「打虎剎車」等。

習近平陣營在反腐過程中，習、王曾多次發表強硬言論。據港媒報導，王岐山在 2015 年第一季度中紀委書記會議上總結發言時稱，反腐是直接關係到「生死存亡的決鬥，生死未卜……」並表示，不能有絲毫鬆懈，不能產生厭戰、畏懼。

4 月初，習近平在出席中紀委常委會議時表示，反腐「必須把硬骨頭啃下來」，「沒有任何退讓、妥協、折衷的餘地」。

5 月 4 日，中共上海市委出台限制上海市官員的配偶、子女經商的《規定》。江澤民長子江綿恆按《規定》也得申報家屬經商情況，被視為給「中國第一貪」江綿恆下了一個套。

5 月 6 日、7 日，胡錦濤與溫家寶分別在四川北川與河北承德露面，官媒先後高調報導。此舉被認為釋放習、王、胡、溫聯手反擊「打虎剎車」論的信號。

第四節

昂山素姬訪華 冰火兩重天

中共國家主席習近平於 12 日會見了緬甸反對派領袖昂山素姬，低調多日的輿論再次把昂山素姬推到了鏡頭之前。（AFP）

　　緬甸反對派領袖、有民主和人權鬥士之稱的昂山素姬 2015 年 6 月 10 日到達北京，首次對中國大陸進行訪問，引起了外界的高度關注。然而，中共官方媒體對她的訪問卻先熱再冷，然後再熱，面對中共冰火兩重天的態度，昂山素姬的北京之行實屬特別。

中共高調送機 怠慢接機

　　2015 年 6 月 5 日，中共中央對外聯絡部發布消息稱，應中國共產黨邀請，緬甸最大反對黨領導人昂山素姬率團於 6 月 10 日至 14 日訪華。

　　中共國家主席習近平於 12 日會見了緬甸反對派領袖昂山素姬，低調多日的輿論再次把昂山素姬推到了鏡頭之前，冷熱交替

之狀溢於言表。自昂山素姬開始她為期五天的中國訪問，圍繞她的討論就連連不斷。無論是官媒還是外媒無不認為，這是中緬之間的一次重要里程碑。

值得一提的是，就在昂山素姬離開緬甸仰光時，中共駐緬甸大使楊厚蘭也打破慣例罕見到機場為其送行。在一般情況下，大使赴機場為一國政治人物送行，在外交上是非常罕見的禮賓安排。如果是一國領導人進行國事或正式訪問，那麼一般駐該國的大使會提前回中國準備接待，所以並不存在會去機場送行的問題。

如果是黨派的領導人，在使館官邸通過會談、用餐的方式送行，這很正常，但是前往機場送行比較罕見，屬於很特殊的禮賓安排。

然而當昂山素姬真正到達北京時，中共的態度卻發生了巨大的轉變。從昂山素姬抵達北京機場的現場圖片來看，昂山素姬身旁都是穿西裝的工作人員，未見高級官員在場。從某種意義上來說，無官員接機實屬怠慢，這與破例大使送機形成了巨大的對比。

習近平會見昂山素姬

除了無官員接機之外，中共主流官方媒體也集體冷遇，甚至有的評論文章還遭到刪除，但是當習近平出面後，昂山素姬率領的民盟再次登上各大官媒的頭條。

就中共的先熱再冷，然後再熱，有分析人士稱，昂山素姬訪華儘管是中聯部牽線，實則是習近平邀約。

事實上，中聯部一直在壓低輿論，但是習近平還是親自會見了，從某種程度上來說，習近平無懼接待昂山素姬，但是中聯部

等部門卻對反對派出身的昂山素姬有所畏懼。

例如，中共官媒的頭條也只是顯示標題為「習近平會見緬甸全國民主聯盟代表團」，隻字未提昂山素姬，而昂山素姬之所以能夠登上新聞聯播的頭條，也是因為這場會面有習近平登場。貫穿於昂山素姬訪華整個行程中，所遇見的奇怪現象無非是中聯部等部門與習近平意願相左的產物。

中共官媒低調

昂山素姬是緬甸民主運動的標誌性人物，在國際上享有廣泛的聲譽，曾獲諾貝爾和平獎，但中共官方媒體卻對於昂山素姬的到訪鮮有報導。

10 日晚，中國各門戶網站只是轉發了新華社一條 60 個字的通稿播報昂山素姬訪華。中聯部網站公布她訪華的消息時，標題為「王家瑞會見緬甸全國民主聯盟代表團」，昂山素姬名字未上標題。

在此之前，中共黨媒《人民日報》海外版 6 月 6 日曾通過其微信公眾帳號「俠客島」發表文章，解讀中共為何要邀請昂山素姬訪華。這篇文章談到了昂山素姬早年的政治經歷，包括她被軍政府軟禁，獲得諾貝爾和平獎，在緬甸國內與專制的軍政府進行抗爭。但在昂山素姬到訪北京之際，「俠客島」的這篇文章已被刪除，只能在部分網站上看到轉載的內容。

此外，有消息稱，一個新聞網站貼出了這位緬甸反對派領袖和著名諾貝爾獎得主的多幅照片，並推出了特別網頁。這些照片記錄了她被軟禁多年的情況。一些網民短暫地被准許發表評論，

但後來亦被刪除。

總部在美國加州的《中國數字時代》稱，中共中央宣傳部傳達的指示顯示，中宣部要求媒體一律不得報導緬甸代表團訪華事宜。

分析認為，這位民主偶像的來訪會使壓制民主自由的中共當局感到難堪，另一方面，中共當局希望通過打昂山素姬這張牌給緬甸現政府施壓。

中緬動盪時刻

CNN 2015 年 6 月 10 日報導稱，昂山素姬的訪華發生在中共和緬甸關係動盪的時刻。在獨裁軍政府統治時期，作為一個國際棄兒，緬甸嚴重依賴北方鄰國作為外交盟友和投資者。

但是緬甸自從 2011 年實施政治改革之後，中共和緬甸準軍事政府之間的關係因為一系列問題而變得忽冷忽熱。

2015 年 3 月，緬甸政府和果敢反叛軍之間橫飛的炮彈落在中國雲南省境內導致 5 人死亡。中共在緬甸的基礎設施項目——密松水電站也因為抗議而被擱置。作為緬甸最大投資者，中共對此感到不滿。

密松大壩可以稱作是緬甸的三峽大壩，這個項目當時就遭到許多當地人和環保人士的反對。他們認為大壩蓄水的淹沒面積等於新加坡，大壩會破壞緬甸第一大河——伊洛瓦底江的自然生態，破壞密松的自然景觀，破壞橡膠種植園和農作物。如果大壩出現問題，還會對電站附近和下游造成巨大損失。還有一種意見認為，伊洛瓦底江是緬甸的，為什麼發出的電力中國要拿走 90％？

但是對於這些意見，緬甸軍政府和中共政府根本就不予理睬。

於 2009 年 12 月舉行了開工典禮，快馬加鞭、大幹快上，這是中國的老套子，三峽大壩以及許多巨型水電項目都是這樣硬幹的。

人權觀察研究員 David Mathieson 稱，中共領導人不再信任緬甸軍隊支持的平民政府可以保障它在緬甸的許多利益。

《伊諾瓦底江》主編昂索表示，通過跟昂山素姬之間建立橋樑，中共在強調它在緬甸的利益。昂索認為，中共想要告訴緬甸的遊戲各方，它才是老大。

中共兩面下注

CNN 報導引述 Mathieson 的話說，儘管昂山素姬因為丈夫是外國人而無法參選總統，可是她的政黨可能在新政府當中獲得更多權力。他說，中共在通過擴大跟她的關係而兩面下注。

這個動作可能也被解讀為，中共因時下中緬的緊張關係而冷落緬甸準軍事政府。昂索稱，邀請昂山素姬無疑將令緬甸政府不安。

第五節

劉雲山惹惱習近平
王岐山奉命四次還擊

2015 年 5 月 25 日,中共召開一年一度的全國性統戰工作會議,不過這次「全國統戰會議」升格為「中央統戰會議」,這還是 9 年來第一次,會議因此成為輿論的焦點。

統戰新媒體 習釋放「善意」

2015 年 5 月底中共「中央統戰會議」上,習近平在講話中首次提到:「要加強和改善對新媒體中的代表性人士的工作,建立經常性聯繫管道,加強線上互動、線下溝通⋯⋯」。

所謂新媒體主要指互聯網上的各類媒介,人們注意到習近平在用詞上和以往有所不同。2014 年底,中共中央統戰部與中央網信辦聯合下發了《關於開展新媒體從業人員統戰工作的意見》,

而習這次把統戰對象從「新媒體從業人員」擴大成了「新媒體中的代表人士」。

有媒體人分析說，首先是感覺語氣有了微妙變化，從「人員」到「人士」，雖然只有一字之差，但是客氣多了，並且也擴大統戰對象，除了原來的新媒體平台的經營者，還增加了在新媒體上製造內容的人，也就是人們常說的網路大 V 或網路意見人士。以前《新紀元》介紹過，有些大 V 的粉絲動輒上千萬，他們的影響力比傳統官媒幾十萬的讀者群大得多。

會後，「團結湖參考」的蔡方華說：「習近平所提出的『建立經常性聯繫管道，加強線上互動、線下溝通』……通過對話所達成的共識，也一定比壓服的效果更好、更牢固。」

不過，習近平這番話，到了中宣部的御用文人口中，卻是另一番解讀。

習的軟話被解讀成了鬥爭恐嚇

6 月中旬，海內外部分媒體收到一封信，邀請各大媒體負責人參加一個由「湖北省法學會傳播法研究會」在 10 月召開的「2015 年理論研討會」，發信人是湖北省法學會傳播法研究會會長喬新生。邀請信稱，會議是「為了進一步加強政法界和新聞界的聯繫」等。

網路資料顯示，喬新生是中南財經政法大學教授、碩士生導師，業務主攻方向是經濟學法律。喬在海外網路上發表不少文章，有部分海外網站直接稱其為「改革派特務」。

6 月 10 日，喬新生在華夏網發表文章《對新媒體人士的統戰

首先要分清敵我友》。文章重點談了如何與新媒體人「鬥爭」。

這篇繼承了毛澤東鬥爭思想的文章，被毛左的「紅歌會」等網站轉載。外界認為，中宣部藉喬新生的這番解讀，曲解了習近平講話的本意，幾乎南轅北轍。而喬新生對新媒體人的邀請信中，也暗藏了威脅恐嚇的味道，有不少新媒體人表示反感。

《人民日報》發文 暗示反腐已結束

劉雲山曲解習近平的本意已經發生過多次，僅 2015 年 5 月下旬到 6 月初，至少發生了兩次。

2015 年 5 月 21 日，當時周永康還沒被審判，劉雲山控制的《人民日報》管轄的人民網微信公眾號發表了題為《不局限於一城一地，中央反腐正在布更大的局》的文章，文中用略帶嘲諷的口氣說，「中紀委已經有段日子沒『上頭條』了，這讓一直在猜『下一個大老虎是誰』的人不禁犯起了嘀咕……『老虎』落馬速度變慢了，難道是中央反腐力度減弱了麼？」

文章自答稱，在反腐取得「震懾性」成果後，中央也已開始著手從制度層面布局，推動從不敢腐向不能腐、不想腐轉變，文章還稱，「反腐是場長期鬥爭，幾隻老虎的落馬只能震動一時，並不能徹底解決腐敗問題。」

華府的中國問題專家石藏山分析說，劉雲山是在夾帶私貨、摻沙子，此文目的就是配合海外江澤民派系釋放的「打虎剎車論」，想為未來的反腐定調：習近平、王岐山的「打虎」要結束了。然而，習近平一再強調，開弓沒有回頭箭，他還要繼續打大老虎。據說，人民網的這番輿論導向激怒了習近平，習讓王岐山馬上抓

了人民網的副總編徐輝。

5月22日徐輝被抓後，劉雲山下令封鎖消息，直到5月25日，徐輝被抓的消息才在媒體圈內流傳出來，而且說徐輝是因為經濟原因被捕。

劉雲山的舉措被解讀為掩蓋其政治上遭習回擊的窘態。

「抬頭看路」 被改成「不辦大案」

在徐輝被抓消息被習陣營捅破的同一天，5月25日，中紀委監察部網站發表文章《講政治 顧大局》，列舉當前5大現象，包括一些中共黨員幹部仍然不收斂不收手；反映領導幹部問題線索還在增多，並稱腐敗蔓延勢頭沒有得到完全遏制，打虎要繼續。該文顯然是在反駁21日《人民日報》的文章。

文章還稱，紀檢監察機關處在最前沿，「不僅要埋頭苦幹，更要抬頭看路……」

石藏山評論說，王岐山要求紀檢官員「更要抬頭看路」，實際就是要那些官員看清楚習近平、王岐山的要求是什麼，看清楚中紀委網站的話是怎麼說的，在大案上一定要緊跟習近平。其實言語間已經把常委之間的惡鬥公開出來。

等到了6月9日，人民網的客戶端再次發出文章《中紀委連發重磅文章 將有新動作》，還擊習陣營。文章說，中紀委發表了三篇文章《講政治顧大局》、《突出執紀特色》、《創新監督審查方式》，給出很多信號。信號一：強化約束，紀律檢查機關絕不許成為「獨立王國」：隨著反腐力度的加大，紀委一下成為了炙手可熱的「權力部門」，現實中，有個別紀檢幹部在紀律審查

工作中違反工作程式,「先斬後奏」、「搞倒逼」、「反管理」,把事兒辦得差不多了,甚至已經是既成事實了,再往上一端。這使得一些人開始擔心,紀委會不會變成一股不受約束的權力,成為「獨立王國」?

另外,人民網還解讀他們從中紀委文章中看到的信息二和信息三。「信號二:不做黨內的『公檢法』,回歸執紀主業,不一味追求辦大案;信號三:進一步完善反腐機制,改變『貪大求全』,查案講方法講效率。」

有分析指,不難看出,人民網就是想讓外界覺得中紀委不會再辦理大案了,不會貪大求全了,劉雲山想把輿論轉變到「習近平不再辦大案,曾慶紅、江澤民會平安著陸」這個誤區中,和習近平、王岐山正在布局捉拿江澤民完全相反了。

央視寫錯李克強名字

6 月 23 日,王岐山出席中共中央第二輪專項巡視工作動員布署會議並講話,這輪巡視對象包括人民日報社、《求是》雜誌社、交通運輸部等 9 家中央單位,17 家央企共 26 家單位,其中劉雲山文宣口的人民日報社和《求是》雜誌社被特別關注。

此前,中紀委多次整肅劉雲山掌控的宣傳口,包括 2014 年央視多名主播被抓;2015 年央視台長胡占凡又被免職,新華社、《人民日報》高層也接連換人,包括慎海雄、于紹良被任命為新華社副社長,彭樹傑被任命為新華社副總編輯;《人民日報》社長和總編輯一起換人,楊振武任社長,李寶善任總編輯。6 月 21 日人民網副總編輯徐輝被帶走調查。

有分析說，習近平勢必會在文宣口採取更多行動。《陝西日報》6月26日報導，陝西省委宣傳部長景俊海不再擔任陝西省委常委、委員。海外消息稱，景俊海或進京任職，新位很可能是中宣部，這可能是習近平逐步清洗中宣部的又一舉措。

也許不是偶然的，面對王岐山高調要查《人民日報》，6月29日，中共央視網站有關李克強會見歐洲議會議長舒爾茨的報導，在第三段將李克強錯寫為「李在強」。此前5月18日，北京官方媒體《京華時報》報導李克強過境愛爾蘭、前往巴西訪問時，也曾把「李克強」寫成「李克勤」。

劉雲山管轄的宣傳口除了報導李克強出錯外，2014年3月27日，新華網在報導習近平出訪法國的一條新聞裡，將習的頭銜改為「中華人民共和國副主席」。

在號稱「零事故」的層層校對、審稿之後，劉雲山掌控的官媒還出現以上最「低級」的新聞「事故」，這對於審查一向高壓、嚴格的中共官媒來說幾乎是不可能的事，因此外界猜測，這些都是劉雲山故意暗中搞鬼，通過這種方式來「羞辱」李克強和習近平。

劉雲山舊部韓志然被免職

6月23日，就在王岐山巡視《人民日報》當天，中共內蒙古政協副主席韓志然被免去職務，此前的6月17日，韓志然被免去中共全國政協常務委員。

陸媒《財經》雜誌報導稱，多個權威信源表示，韓志然的落馬源於他捲入被稱為內蒙古「黃金大盜」宋文代的貪腐案件。宋文代被抓及被判處死刑後，向有關部門舉報了韓志然。也有消息

說，韓志然落馬還牽涉了他在包頭、內蒙古兩地任職時的一些問題，韓志然是劉雲山在內蒙的親信和馬仔，查韓志然，也被視為是警告劉雲山。

宋文代曾在內蒙古高級法院任職，2001 年初辭職後創辦內蒙古乾坤金銀精煉股份有限公司，擔任董事長、總裁。該企業最紅火時年度營業額達 30 億元人民幣，曾被評為「中國黃金行業之首」。2012 年 6 月 5 日，宋文代突然被抓。經審理後，認定宋文代貪污 5290 多萬元、黃金 58.9 公斤、白銀 1.4 噸，挪用公款2100 萬元。宋文代一審被判處死刑後上訴。2013 年 8 月 19 日，內蒙古高院終審判處宋文代死刑。2015 年 11 月 8 日，《京華時報》等媒體報道稱，最高法院於近日對宋文代案出了裁定。最高法院認為，該案認定的部分事實不清、證據不足，不核準內蒙古高院維持一審死刑的裁定，並撤銷該裁定，發回內蒙古高院重審。

據分析，宋文代被免死，也許與舉報韓志然、將功折罪有關。

現年 63 歲的韓志然是內蒙古奈曼旗人，曾是劉雲山的舊部。1991 年至 1993 年，劉雲山任赤峰市委書記時，韓志然任赤峰市委常委、副市長，2001 年 9 月至 2003 年 1 月，韓志然任包頭市長；2004 年至 2011 年，韓志然任內蒙古自治區黨委常委、呼和浩特市委書記。

劉雲山在內蒙古經營 20 多年，其家族在內蒙古攫取了巨額財富。據說 2004 年前，劉氏家族已經暗中實際掌控了大象投資公司，並對內蒙伊利股份法人股進行操控，股改後，其掌握的伊利法人股時值超過數億元。同時劉氏家族還控股了另一家內蒙上市公司——金宇集團的大部分法人股。而且，他們在內蒙掌控了相當多的礦產資源所有權，包括煤礦、鉬礦等等。劉雲山的次子

劉樂亭，與劉樂飛一樣，同樣把手伸入商界，涉及藥品和保健品業、房地產業，是內蒙多家製藥企業的幕後老闆。劉雲山家族是現任中共七常委中貪腐最嚴重的家族，坐擁數百億資產。

劉雲山參與三大政變

第六章

劉家父子控制股市
暗算習近平

2015 年 7 月，大陸股市劇烈震盪，著名經濟學家吳敬璉將大陸股市稱之爲賭場，並且是個嚴重混亂的瘋狂賭場。中國問題專家季達指出，股市這種跌法會令中共政權受到前所未有的衝擊。表明中共高層有一股力量在激烈的算計習近平。

中共政治局常委劉雲山（左）、劉樂飛（右）父子聯手「操作」股市，劉樂飛牽涉股災，2015 年 7 月 20 日突然辭職。（新紀元合成圖）

第一節

股市上劉雲山暗算習近平

在三百多年的人類股市上，還從來沒有一個股市能像大陸 A 股，在 2015 年 7 月前後十多天內上演了如此慘烈的多空對決，華爾街好萊塢大片也沒有過的驚心動魄，全世界都看得瞠目結舌：哪個股市能有 70 萬億的資本在裡面來回搏殺呢？在幾個月內從 2000 點飆升到 5100 點，而後又迅速跌回 3500 多點？一天跌停千餘檔股票，一天停牌千餘支，而又在幾天內一日漲停千餘支？如此劇烈的震盪博弈，瘋牛與瘋熊的反覆廝殺，是前所未有的奇觀，雖然是「前無古人」，不過很難說「後無來者」。

大陸畸形股市淪為瘋狂賭場

在一般正常的股市中，股票的價值與該企業資產盈利發展情

況是存在某種對應關係的，股票的市價盈利比率（Price earnings ratio，即 P/E ratio，市盈率）其數字由股價除以年度每股盈餘（EPS）來計算，它是衡量股價水準是否合理的主要指標。

一般市盈率在 14 至 20 為理論正常水準，低於 13 是企業股票價值被低估，21 至 28 是價值被高估，高於 28 就是股票出現投機性泡沫。在美國這個靠盈利拉動的股市中，歷史市盈率為 14，而大陸股票的市盈率高達 40 至 50，甚至高達 100 的都很多。如此嚴重泡沫化的股市，股票價格遠遠超過其應有價值，股票暴跌也是必然之事。

有消息說，目前中國股市五分之四的股票為散戶投資者持有，另據西南財經大學民眾資產和收益季度調查數據顯示，在中國的股民中，只有 12％的股民具有大學學歷，25.5％具備高中學歷，2/3 的股民沒有讀完高中。

滬指從 2014 年的 2000 點一口氣漲到 5100 點，股民都知道總有一天會大跌，不過，卻被紙面上的盈利沖昏了頭腦，正如財經作家吳曉波所言：「民眾預期已經完全被狂歡所點燃，理性成為一個被嘲笑的名詞，甚至連最應該冷靜的機構投資人都公開宣稱『不再用大腦思考』。」知名經濟學家吳敬璉根本不把大陸股市稱為股市，而是稱為賭場，是個嚴重混亂的瘋狂賭場，連 90 歲的老太太都想進場賺個快錢，幾乎人人都想一夜暴富，2014 年 A 股換手率高達 200％，是美股的六、七倍，股民心態不穩可見一斑。

人們在一夜暴富的黃粱夢中，完全忘記了股市中「8 賠 1 平 1 賺」的規律，總自認為不是那 80％的輸錢者，總以為自己能擊鼓傳花，把炸彈傳到下一家。然而一旦看到大盤下行，這群投機

者是最恐慌的，瞬間股市信心徹底崩盤，全民炒股變成了全民拋股，即便當局出手救市仍難遏下滑。

有統計顯示，2008 年 94％的股民賠了錢；2009 年的行情不錯，上證指數也翻了倍，但還是有 35％的股民不賺錢；2010 年和 2011 年，戶均虧損分別為 5 萬元和 4.2 萬元，而 2015 年 7 月完成的這波下跌，有消息稱，每個股民平均虧損 41.5 萬元。

劇烈震盪的股市記錄

讓我們簡單回顧 A 股劇烈震盪所導致的創傷。2015 年 6 月 12 日滬指達到 5178 點，此後股指開始暴跌，等到了 7 月 2 日收盤時：滬指跌 3.48％，失守 4000 點，兩市逾千股跌停。

7 月 3 日，證監會宣布將減少 IPO 發行家數和籌資金額，但由於踩踏效益，股市跌到 3696 點，有民眾稱，「證監會飲鴆止渴，死的是中國股市」。

7 月 4 日，滬指收跌 5.77％，失守 3700 點，一周累計跌 12.07％。當時證監會主席肖鋼宣稱，有條件、有能力、有信心維護股市穩定，「萬億資金可期」，當天北京當局採取了一系列救市措施，包括全面叫停 IPO，28 家公司暫緩上市；21 家券商出資 1200 億元救市；券商在上證指數低於 4500 點時「只買不賣」；中證監、中銀監、中保監、財政部及各券商共出資 1.72 萬億元救市；央行定向發行 5000 億元設立平準基金。

7 月 5 日周日，中共官媒新華時評稱：堅定資本市場穩定健康發展信心；證監會：央行將給予證金公司流動性支援；中國版平准基金來了！央行支持證金公司流動性最完整解讀；21 家券

商出資 1200 億鑄 4500 點鐵頂；116 家上市公司公開喊話維穩，3 家濫竽充數暴跌時套現；7 月 5 日，當局又推出了多條救市措施，包括央行助提供流動性、中央匯金買入 ETF、傳中證金救市規模達萬億元。

7 月 6 日，滬指高開近 8％，但隨後回落震盪，截至收盤，滬指報 3775.91 點，尾盤拉升收漲 2.41％，振幅 14％，深成指跌 1.39％，創業板跌 4.28％。李克強在會見華僑代表時稱，「有信心、有能力應對各種風險挑戰」，不過網上流傳的是，「A 股歷史最大停牌潮！239 家公司 7 月 6 日晚公告停牌」，「單日巨振 19.79％，中證 500 股指期貨主力合約多空搏殺」，「中央萬億托市慘勝」。

7 月 7 日，兩市雙雙低開，逾千股跌停。截止收盤，滬指下跌 48.79 點，跌幅 1.29％，駐守 3700 點，保險銀行股護盤；深成指下挫 700.17 點，跌幅 5.80％；創業板指數下跌 141.82 點，跌幅 5.69％。A 股再現史上最大停牌潮三分之一公司停牌避股災。儘管李克強稱，中國經濟指標趨穩向好，有能力應對風險挑戰。

但網上流傳的是：「賭上國家誠信的失敗救市」、「股市大跌，股民在證監會門前抗議，牛淚觀察：股市崩盤對習李的風險」四成 A 股主動停牌加劇恐慌，中國股災殃及紐約中概股衝擊習政府等……

7 月 8 日，上證綜指收報 3507 點，跌 219 點或 5.9％；深證成指報 1 萬 1040 點，跌 334 點或 2.9％。

7 月 9 日，公安部介入證監會，阻止惡意做空，欲打擊證券期貨領域違法犯罪活動，滬指大漲 5.76％站 3700 點，創業板 194 股全線漲停，到了 7 月 10 日周五，滬指漲 4.54％，收於 3877.80 點，

1300 餘股漲停。

下跌前誰在拋售股票？

7 月 2 日中央財經大學中國企業研究中心主任劉姝威在《嚴懲做空中國股市者！》一文中寫道，「這次股指暴跌是有人精準選擇時點，故意做空中國股市。」

據同花順 iFind 統計資料顯示，2015 年上半年，近 1300 家上市公司大股東及高管減持股票市值近 5000 億元，相當於 2014 年全年減持金額 2512 億元的 1 倍，更遠遠超過上波大牛市 2007 年的 24.81 億及 2008 年的 19.99 億，掀起了史上最大規模減持潮。

劉姝威認為，減持套現的上市公司大股東及高管是這輪牛市最大的受益者，也是暴跌的導火線。在 6 月 17 日，劉姝威在微博中點名舉例說，樂視網董事長賈躍亭連續三天之內兩次合計減持約 3524 萬股，套現金額合計約 25 億元。此前陸媒報導賈躍亭與令計劃的弟弟令完成在商業上出現交集。

另外人們還發現，在暴跌之前，中信證券已經從 A 股市場上拋售大量股票，用的是 A 股和 H 股平衡的辦法。

2014 年 3 月 18 日，劉雲山的兒子劉樂飛出任中信證券的副董事長。2015 年 1 月 13 日至 16 日，中信證券控股股東中國中信有限公司在 A 股減持了 3.48 億股中信證券 A 股股票，減持價格區間在 31.77 元至 33.64 元，套現金額在 110 億元左右。

外國「空軍」不成立 浙江期貨配置也未必

據中金所發布的股指期貨持倉表顯示，在第二輪暴跌開始的 6 月 15 日，證券公司空單是多單的 13 倍，基金公司空單是多單的 5 倍，QF 外資空單是多單的 80 倍，保險機構空單是多單的 252 倍，信託公司空單是多單的 9 倍。當時微博上有人說：「國泰是勾結高盛做空中國股市的代表，這次慘跌就是高盛、大摩策劃，國泰是在國內的策應者。」

不過，署名「無界新聞」的發文反駁稱，國際資本要想操縱中國股市，必須具備基本的條件：人民幣可自由兌換，資本項目沒有外匯管制；中國股市向全球投資者開放，國際資本可以自由進出。目前雖然 A 股開通了滬港通，但總額度為 3000 億元，每日額度為 130 億元；港股通總額度為 2500 億元，每日額度為 105 億元。這樣的額度無法左右總市值達 70 萬億左右的中國股市。

股評人士齊俊傑也補充說，「現在大資料技術這麼發達，惡意做空者完全沒法隱蔽，稍微有點頭腦的做空者，都不大可能那麼明目張膽。也就是說，不管是陰謀論、政治論還是戰爭論，其實都是站不住腳的。」

7 月 3 日，股市在陰謀論、政治論、國際鱷魚等傳說之外，還多了一個「中央嚴查股市暴跌元凶，鎖定浙江期貨大鱷」的說法。據說李克強召開股市會議，判斷導致股市暴跌的原因是在大陸內部，並決定要查處導致今次大跌市的期貨投機拋空主力，目標已鎖定浙江的配資公司和一些期貨大鱷。

大陸配資公司以浙江溫州最多，800 億以上，占了全國 70％以上，他們大量買空股指期貨對沖爆倉風險，每日下午 2 時左右，

配資公司就開始平倉，大盤就插水，因為配資公司在下午一邊平掉客戶爆倉的股票現貨帳戶，一邊大筆做空股指期貨，兩頭賺錢。

而浙江的一些期貨大鱷也趁火打劫，每天下午和配資公司一唱一和，大量做空股指期貨。

配資公司負責平倉客戶，甚至故意製造恐慌，一些配資公司每到下午2時以後就給所有客戶打電話要求平倉股票，甚至客戶賺錢的帳戶也讓他們趕快拋掉，配資公司一邊賺利息，一邊大賺拋空股指，而浙江期貨大鱷更是趁機大舉做空期貨合約。

不過，有評論稱，在股市經濟中，也不存在什麼惡意做空或善意做空的問題，為了保護自我利益，該出手時就出手，這是人性所決定，哪個政府也管不著。

為何要強力救市

這次最讓人吃驚的是，北京當局對股市採取了一系列最強烈的救市行動，因為習近平、李克強知道，北戴河會議前的中國股市，不但是個經濟問題，更是政治問題，一旦發生股災，不但股民受損，習的位子也坐不穩，一心想推翻習近平的江澤民集團將會伺機反撲，逼迫習讓位，號稱要讓習近平成為第二個華國鋒。

有經濟學家分析說，股市暴跌，讓銀行很受傷，銀行資本金虧損之後，必然全線收縮放貸業務，這樣實體經濟會越發寒冷，經濟下滑會更加嚴峻，反過來說，糟糕的經濟表現也會進一步影響股市信心，於是惡性循環。

另外，股市暴跌也影響房地產生意，當股災發生時，大陸樓市也相應下跌，汽車行業也下行，人們即使交納首付，也不再跟

進買車。假如美聯儲再加息，美元匯率上升，美金回流，大陸人拋售地產股票，資金鏈越來越緊繃，一旦樓市再下跌，中國很可能再現日本當年的悲劇，掉進十年蕭條之中而難以自拔。

李克強發出 17 道救市命令

6月28日至7月2日，李克強訪問歐洲。7月3日，李克強回到北京，迎接他的是滬深兩市有1400多支股票跌停，該周滬綜指累計跌幅達12.1％，讓本輪牛市成果的半數抹去。據港媒透露，「李克強非常生氣」，因為他沒料到剛從歐洲回來，就馬上得應

對自家的重大問題。7月4日下午，中共國務院召集一行三會、財政部、國資委及主要央企負責人會議，商討金融市場應對之策。

網上消息稱，會上就如何救市，李克強和部委分歧極大。央行行長周小川與財政部長樓繼偉傾向擠牙膏式救市，但李克強大發雷霆地說：「你們回家擠奶去！我要暴力救市！」

會上李克強做出很多決定，包括：1. 央行定向發行 5000 億元（人民幣，

李克強救市發出「17道權杖」

1. 中金所提高中證500期指賣空保證金比例至30%；
2. 保監會提高保險資金投資藍籌股票監管比例；
3. 證監會加大中小市值股票購買力度；
4. 央行繼續通過多種管道支持證金公司；
5. 證金公司流動性充裕；
6. 央企承諾加大增持力度；
7. 國資委要求央企不減持；
8. 證金公司向21家券商提供2600億信用額度；
9. 放寬上市公司股東增持公司股票限制；
10. 財政部承諾不減持持有股票；
11. 8家券商回應協議採取措施穩定市場；
12. 深交所鼓勵公司實控人及高管增持本公司股票；
13. 證監會稱6個月內高管不得通過二級市場減持；
14. 匯金再發聲承諾不減持 已在二級市場買入ETF；
15. 證金公司申購5家公募基金主動型基金共2000億元；
16. 證監會放寬相關股份規定鼓勵大股東及藍籌增持；
17. 上市公司協會籲多管道增持股票 多家銀行股東承諾不減持。

下同）抵押補充貸款，設立平准基金。2. 證監、銀監、保監各自落實 2000 億資金，財政部 5000 億資金，共組救市方案等。事後有人把其歸納為李克強救市發出了 17 道權杖。

救市延誤三天 李克強發火

7 月 4 日李克強要求緊急救市，然而直到 7 月 8 日，央行才發布聲明，支持市場穩定並守住「不發生系統性、區域性金融風險的底線」。這是股市發生巨大波動以來，央行首次發布正式聲明。外界認為，在救市如救火的關鍵時刻，拖延三天才公布聲明，令股災惡化得更加嚴峻。

7 月 10，連英國人也看出了破綻，《金融時報》報導說，李克強 7 月 4 日要求強力救市，7 月 5 日周日晚上證監會宣布央行將支持券商，但央行直到 7 月 8 日上午才證實其介入，中共財政部也到 8 日才加入承諾「維護市場穩定」的行列。文章說，本次危機剛爆發時，證監會並沒有得到財政部的全面支持。

知情人士向《金融時報》透露說，之前執掌中共主權財富基金的樓繼偉，已經被地方政府積累的總計 22 萬億元人民幣債務搞得忙不過來。他最不想參與的事情就是又一波救助，尤其是救助不顧一切地湧入股市的投資者。

新華社稱「救市無效」 重創股市信心

而劉雲山治下的新華網在 7 月 7 日宣布「救市失敗」，不但令大陸股民驚恐萬分，也令香港股市應聲下跌，並使整個亞洲乃

至全球股市下跌。

7 月 7 日上午 11 時 30 分，新華社客戶端（手機新聞 App）發布的市場直播文章稱：「銀行股和兩桶油的救市無效，A 股早盤再度大幅下跌，滬指盤中跌破 3600 點；大盤股拉升救市的背後，中小盤股成為了殺跌的重災區。」

雖然該段短文至下午時段已經消失，但新華社此文一出，引起一片譁然，因為這與此前一致唱升股市的官媒報導背道而馳，不了解中南海內鬥的人還以為這就是官方態度，結果導致國際股市在 7 日的全線下跌、大宗商品的暴跌，以及民眾對股市的絕望與悲觀，哪怕李克強推出 17 道利好消息，8 日滬指依舊開盤跌破 3500 點，最低 3421 點，跌幅近 7%。

北京理工大學經濟學教授胡星斗評論說，新華社作為官媒，遣詞造句「一向嚴謹」，但在此關鍵時刻使用這樣的文字，已違背中央的救市精神。時事評論員石久天說，主管中共文宣的劉雲山這時介入亂來，目的就是混水摸魚，暗算習近平。

有人調侃說，7 月 8 日，從漲停開盤，到跌停收盤，救市與不救市的區別就是……一天終於能跌 20％了，很多投資者驚呼，衝進去了一看，所謂的友軍呢？國家隊呢？什麼都沒有嘛！

劉雲山「暗算」習近平與李克強，還可從「暴力救市」這個詞的流傳中看出來，按中共慣例，李克強作為中共的國家總理，私下發脾氣時說的這一句話，是不應該被媒體拿來炒作的，但有人就把這句粗暴、野蠻、甚至帶有流氓氣息的「暴力救市」，刻意拿出來公開炒作。

史上罕見的多空對決戰況紀實

7月13日，《財新周刊》封面報導《A股救市苦戰》一文披露，救市初期，中證監單兵作戰效果不佳。7月4日中證監集結21家券商出資1200億元人民幣，還將證金公司資本金由240億元調至1000億元。

7月6日證金公司和券商入場買藍籌股，7日和8日兩個交易日，證金公司動用的資金都在2000億元以上，合計超4000億元。

這種做法雖托住滬指，卻出現千股跌停。報導稱，A股是否會出現流動性危機，成為一切問題核心。中證監設定的答案，是托住股指。

但在哪裡算托住？中證監未公布。中證監高層對股指的預估並不一樣。每天下午5點中證監主席肖鋼組織有關會議，氣氛幾起幾落，有群情激昂也有士氣低落，一切取決於當天的救市政策出台後股指的反應。

7月8日「國家隊」轉變方向，拯救「小票」，證金公司向21家券商提供2600億信用額度。券商人士透露，上述額度指明用於支持中小市值股票。

7月10日，大陸搜狐網刊發來自博遠投資的一篇網文，稱造成此次股災的黑手是行家。雙方激烈暗戰的結果，是「國家隊」以「扮豬吃老虎」的方式設局，令對手最終上套。

文章稱，本輪護盤實際是7月6日正式開始的，總體來說前兩周都是喊話，6日開始真金白銀搏殺。多方以證金公司為代表，空方以手握大量ic1507空單的勢力為代表。

空方一開始作空的目標就是中證 500 的期權，6 月 19 日暴跌開始 ic 的交易量暴漲，空方大量開空單，同時把手中主要握有的中證 500 現貨往死裡砸，這些籌碼哪兒來的，中小市值股票為什麼前期無理由暴漲，就是空方在拿籌碼，他們不會去拿藍籌，因為資金量有限，籌碼拿不夠，砸不出感覺。

暴跌開始了，中小市值股票被砸得完全失去了流動性，幾十手都能砸跌停，到後來直接開盤跌停了，空方使得中證 500 在三周內暴跌 45％。取得了階段性的勝利。

「國家隊」在 7 月 5 日祭起反攻大旗，第一步是輿論，大造全民抗擊金融危機的言論。第二步，7 月 6 日，「國家隊」聲東擊西，擺出一副拉指數維穩的態勢，強拉藍籌，放任中證 500 不管，輿論上出現很多質疑「國家隊」的言論，同時空方也放鬆警惕，想一口擊穿「國家隊」，也來搶奪藍籌籌碼，准備在藍籌上也積累拋壓，一擊擊潰「國家隊」。

7 月 7 日，空方繼續和「國家隊」搶籌，搶到一半，發現不對，好像「國家隊」沒買了，7 日當日機構流出 1000 億，說白了，空方搶藍籌搶在高位了，8 日滬指跌 6％，空方自己把自己套牢了。

文章稱，7 月 8 日，「國家隊」反攻才真正正式開始，首先是提高了空單開倉保證金，消耗空方彈藥，同時不准開投機空單，開套保空單需提供持有現貨的證明，空方感覺情況不對，開始平空倉，所以 8 日上午 ic1507 被平得上漲 2％，但到 11 點，市場情緒發生微妙轉變，多支中證 500 的票被打開跌停，空方發現問題大了，現貨在上漲，越來越沒人開空單，空方越平利潤越少，而用來砸盤的籌碼砸出去就被國家隊全沒收了，相當於兩邊都在虧損。

救市不成功 到底錯在哪？

有人從股市特性的角度分析了 7 月 7 日救市失敗的原因。如股評人士齊俊傑分析說，「經此一役，可能管理層要好好想想，到底我們錯哪了？」他列舉了幾點因素：

1. 從不敬畏市場，行政級別多了，就總想著管人，對於股市也是如此，總想著出個政策呼籲一下，就能把股市拉高。一開始確實如此，但當你總是對股市又打又罵之後，終將迎來市場的報復。這波暴跌，就是對於這樣一個行政牛市的客觀修正。

2. 錯誤的估計自己實力，市場遠比想像的複雜的多，股市運行了上百年，沒有人也沒有組織能夠將它玩弄於股掌之上，把一個支值 2000 點的股市忽悠到了 5000 點之後？還有價值嗎？

3. 出發點錯誤，股市一開始就錯了，只是為了國有股減持，為了國有企業脫困，所以這麼多年來，一直都是國有企業賺大頭，莊家賺小頭，老百姓巨虧。而這輪牛市發動之前，更是有個不可告人的祕密，那就是讓股市來消化金融危機。要虧虧股民的，力保銀行和地方債。所以一些垃圾公司被包裝上市，一些根本就沒人要的東西變成了香餑餑，還要增發！大牛市變成了炒垃圾的遊戲。

4. 目的不純潔，是為了讓銀行和國家的錢，全部先退出來。只要銀行裡面傘形信託的錢和配資的錢安全出場，那麼以後想必也不會再有救市一說。

5. 錯誤的時點，打光了所有子彈，當 5000 點暴跌到 4000 點，速度是很快，市場也確實恐慌，但 4000 點前就大規模救市，這與價值背離太多。

6. 態度不對，用了所有能用的手段，監管層已經殺的急眼，

這種情緒傳染到了市場，給投資者傳遞的信號就是，你們已經輸不起了，為什麼會輸不起？說明中國的金融安全命懸一線，都寄託在了股市裡，那麼之前說的傘形信託、槓桿配資，銀行到底出了多少錢？券商到底賠了多少錢？這些實在讓大家心裡沒底，空有愛國之心，怎奈錢包空空，也只能先出來再說吧！

齊俊傑分析說，要問誰在做空 A 股，那就是槓桿效益。這次有人通過槓桿，在不到一年時間，用 50 萬元炒到了 1500 萬元，這可謂是絕對暴利，極不正常的。任何不正常的事情都是不可持久的，也就是說，A 股的大幅調整是遲早的，不可避免的。

回頭看就會發現，清理場外配資這一通告導致部分高槓桿者恐慌是這次大幅調整的導火索。不清理是不行的，不清理意味著泡沫越來越大，等到泡沫過大再爆裂，局面能否收拾就不得而知。所以說選擇在此時剎剎車，未必是壞事。……

這就好比有人在樓頂看風景，忽然有人不小心扔了個煙頭，點燃了一個煙盒，然後有人以為是發生火災了，本來樓梯口就小，大家一窩蜂往門口擠，必然導致踩踏。

A 股這次深調，就是因為「踩踏」造成的。那為什麼會有人做空呢？道理其實很簡單，天下熙熙皆為利來，天下攘攘皆為利往。因為發生了踩踏，大家心裡都很恐慌，投機者看到了在當時情況下能通過做空賺錢，就跟著做空了，僅此而已。

融資金額每日上千億

《中國證券報》在 7 月 11 日給出了一些數據，讓人看清了當時融資市場的規模有多大。

　　文章說，6 月 19 日以來，兩融投資者謹慎心態一步步加深，每日融資淨償還金額逐日攀升，從最初的單日 55.50 億元加碼到 7 月 8 日破紀錄的 1700.19 億元，期間兩融餘額也從最高時的 2.27 萬億元「瘦身」至 7 月 8 日 1.458 萬億元，區間降幅達到 35.77％，淨流出金額超過 8000 億元。其中 7 月 8 日單日融資買入額僅僅錄得 560.28 億元，為 2014 年 11 月以來的最低。

　　在 7 月 9 日救市見成效之前的前半周，市場連續遭遇大幅融資淨償還，每日淨流出金額均在 1300 億元以上，不過 7 月 9 日 A 股全線飄紅，釋放觸底反彈信號，融資盤出逃腳步顯著放慢。Wind 資料顯示，9 日市場融資淨償還金額為 180.74 億元，環比降幅接近 90％。

　　分析人士認為，這意味著集中宣洩過後，市場恐慌情緒正在出清，融資盤與指數漲跌間的正回饋關係正在獲得重建，「槓桿殺」風險高峰期已經過去。

香港也被動了手腳

　　劉雲山控制的新華社稱救市失敗後，導致大陸股民信心崩盤，恐慌情緒也迅速蔓延到香港。7 月 8 日，香港股市出現恐慌性拋售，香港的創業板一上午就暴跌了 15％，下午一度跌到了 21％，帶動了香港恆生指數的暴跌，這種帶動效應蔓延到了整個亞洲，日經指數也在跌。8 日當天，恆生指數盤中一度暴跌 2138.49 點，創歷史記錄，跌幅更甚 2008 年金融危機。截至收盤，跌幅收窄至 5.84％，仍挫 1458.75 點。

　　當天恆生指數 50 支成分股有 49 支下跌，主機板全日僅有 45 支股份上升，下跌股份則達 1593 支，平均跌幅 11.21％。在機構

和散戶齊齊拋售下，全日成交量繼續高企，達 2359.7 億港元。

有評論表示，中國的救市失敗是港股暴跌的元凶，A 股限制賣空、不准出售股份、公司停牌等因素均打擊投資者的信心，增加了拋售股份的欲望，只好通過出售港股來對沖風險。

不過，懂中國問題的人都知道，在現階段大陸政府救市還不會失敗，因為還有很多手段、特別是行政司法手段可用，於是，有人拋售，也有人接受，結果成交量很大。

美國華府中國問題專家季達分析認為，大陸股市的這種跌法，會令中共政權受到前所未有的衝擊，隨後很可能出現各種要求習近平下台的輿論放風。新華社首先承認「救市失效」的做法，造成了股民心理的崩潰。

季達認為，新華社此舉顯示中共高層空前的分裂，表明中共高層有一股力量在激烈的算計習近平，這股力量很可能就是掌管宣傳系統的劉雲山及其背後的江派勢力。這一現象也恰恰是江、習前所未有大決戰的信號。

據港媒報導，在 2015 年 5 月底至 6 月初，中國滬深股市再次發生異常大幅波動後，李克強曾表示「證券界有鬼」。亦有評論認為大陸股市的這波大幅下跌，涉及到習、江博弈。

7 月 7 日消息人士牛淚撰文表示，在經濟下行壓力不斷加大、結構調整需要迴旋時間、對外經濟與戰略擴張需要國內經濟支撐、改革反腐等大背景下，習近平、李克強都需要有一個穩定發展的牛市而非哀鴻遍野的熊市來支撐場面。

牛淚表示，習近平從來不會按常理出牌，財大氣粗的習李工具箱裡也不缺少股市調控工具，為因應下跌他們肯定會使出更厲害的救市招數來。

第二節

父子聯手「操作」股市
劉樂飛突辭職涉股災

2015 年 7 月初，中共 1.7 萬億元「救市」動盪一周，全球各大媒體的焦點都聚集在中國股市上。

從 6 月 12 日滬指達 5178 點的歷史高位後，A 股三周大跌 30%，蒸發了近 21 萬億市值。7 月 4 日，總理李克強主張果斷救市下，當局一連兩天推出密集救市措施，包括全面叫停 IPO（新股上市），大陸央行、證監會、中央匯金公司、期貨交易所、21 個主要券商調集 1.7 萬億元人民幣救市。

儘管分析師普遍唱好，然而首日救市成效讓外界失望。7 月 6 日周一開盤，A 股高開 8%，但只是曇花一現的高位，上午已有 1000 支股票跌停，尾市在「國家隊」大舉托市下，才勉強回穩，滬指升 2.1%，深成指跌 5.32%。

新華網「救市無效」引發大跌

7日，在大批資金托市下，A股高開8％，不過再一次掉頭向下。就在此時，11時半，中共官媒新華網發布市場直播文章稱「救市無效」，引發各界譁然。雖然文章在短短幾個小時後被取消發表，但官媒不同尋常的表態，被視為和習近平當局「救市措施」唱反調。

新華網的「救市無效」，令滬指盤中跌破3600點。當天股市拋盤大增，滬指收報跌1.69％，深成指跌5.8％。其中1700支股份跌停板，但保險類和銀行股則逆市大升，保險類板塊大漲7.9％，當中中國人壽、中國平安漲停，中國太保上漲6.98％，新華保險上漲4.63％。而中行、建行、民行、中信銀行都升停板，部分股價創7年新高。

值得留意的是，新華網的背後就是劉樂飛父親、中共政治局常委、江派前台人物劉雲山。而在股災中逆市大漲的股票，中國人壽、新華保險以及中信等，都和劉樂飛有千絲萬縷的關係。

自2006年7月起，劉樂飛擔任中國人壽首席投資執行官。2008年6月，中信產業基金成立後，劉樂飛離開中國人壽，出任該基金董事長兼首席執行官，同時還擔任中信證券董事。人雖然離開了，雙方的合作並沒有中止。

新華保險2014年年報顯示，劉樂飛自2014年7月起擔任新華保險非執行董事。

中國人壽減持中信證券

7月7日，中國人壽發表股票交易異常波動通告，稱在7月

3 日、6 日和 7 日連續三個交易日收盤價格漲幅對比上證綜指漲幅偏離值累計超過 20％。

次日，中證監晚上發出通知，即日起 6 個月內嚴禁所有上市公司持股 5％或以上股東、董事、監事及高級管理人員，通過二級市場減持公司股票，範圍涵蓋央企、國企以至所有上市民企。如發現上述人等違規沽貨，中證監將給予「嚴肅處理」。同日，國資委也發布了央企承諾維護資本市場穩定的承諾書。

雖然 8 日晚中國人壽等央企紛紛發通告同意不減持。不過兩天後，國壽被爆出於 7 月 10 日減持所持有的中信證券 A 股 3000 萬股，套現逾 8 億元人民幣，持股量由 6.05％降至 5.74％。雖然事後中國人壽稱總持股不足 5％「不違規」，不過，其公然減持的取態，頗有挑戰習近平當局的意味。

知情人士透露，劉樂飛和掌控宣傳的父親劉雲山，在股市中聯手，利用內幕消息與操作套取利益，而且早有前科。

2015 年 1 月 19 日 A 股崩跌。上證綜指跌 7.7％，創 7 年來最大單日跌幅；深證指數跌 6.61％，被形容為「119 股災」。此前，1 月 16 日，證監會通報中信證券等 12 家券商因兩融業務違規被罰，中信、海通、國泰君安等三大券商被暫停融資融券三個月。同日，中信證券披露公告，其大股東中國中信有限公司在此之前 4 個交易日內，減持了 3.48 億股中信證券 A 股股票，套現金額在 110 億元左右，持股比例從 20.2％下降到 17.14％。

報導指，由於中信證券作為被處罰一方，有條件比市場提前獲知被處罰的信息，中信證券大股東在其兩融業務被罰消息公布前拋售股票的做法，遭到市場人士質疑，認為可能涉嫌內幕交易。

過去一年，中國股市上證綜合指數由 2300 多點升至 5000 點

以上。這期間，大量上市公司大股東、高管拋售股票套現。今次股災，中國股市急跌逾三成，市值蒸發 20 萬億人民幣，持股市值人民幣 500 萬元的大戶減少了 3 萬人，財富大轉手，散戶更叫苦連天。

今次股災遭遇強大沽空壓力，不少媒體都解讀為涉及中共高層權鬥，習近平一直在藉反貪清理江澤民派系，故江也利用股市阻擊。之後當局已經把惡意沽空的目標鎖定上海一帶，7 月 10 日，中共公安部副部長孟慶豐率跨部門工作組抵達上海，稱發現個別貿易公司涉嫌操縱證券期貨交易等犯罪線索。

大陸股市涉江曾攪局

有分析認為，上海是江澤民的老巢，而國資股一向由江派勢力掌控，上述消息表明江派正利用大陸股市的暴跌賺錢，這從側面印證了此前有關江澤民、曾慶紅、劉雲山等江派家族利用數萬億做空股市的傳聞。

接近中共財經高層的知情人士透露，據說各大江派企業都集體做空 A 股，造成今次大面積股市大跌，不過因補倉不及，據說有把柄已經被習近平當局掌握。劉樂飛等人均是幕後操盤手，劉相關企業在大跌前已經減持了不少股票。

熟悉中國內情的維權律師鄭恩寵評論道：「江澤民、曾慶紅，他們在這事裡攪動，現在國內輿論都不同調，有輿論就指海外搞鬼、香港在搗鬼，有的指是我們的內部發生作用。我認為外資肯定是少數，都是內部人在搞。」他預期當局將趁機清理江派，「目前好多證券公司接受調查，領導在頻繁更換。」

劉樂飛「7 · 20」辭職的聯想

2015 年 7 月 21 日晚，一則低調的港交所新聞公告引發外界關注。新華保險（1336）披露，公司董事劉樂飛辭去非執行董事職務。

劉樂飛是中共政治局江派常委劉雲山之子。時值中共嚴查做空股市者的敏感時刻，劉樂飛「低調辭職」絕不簡單。

值得留意的是，根據港交所資料，新華保險董事會披露，劉樂飛辭去職務是 7 月 20 日晚上。當晚，和周永康結盟政變的前中共統戰部長令計劃被宣布「雙開」（開除黨籍、開除公職）和移送司法調查。「7 · 20」也是 16 年前中共黨魁江澤民發起迫害法輪功的特殊日子。

劉雲山是中共江澤民集團的前台人物，18 大以來，在中南海高層習、江兩派激烈博弈中，一直利用掌控的宣傳口阻擊習近平。

2013 年圍繞廢除中共勞教制度問題，因涉及江派迫害法輪功的酷刑和活摘器官等罪惡核心，劉雲山密令中宣部不轉不評馬三家勞教所黑幕文章；2013 年 2 月初爆發的《南方周末》事件亦由劉雲山一手操縱，由廣東宣傳部刪除《南周》新年獻詞中的「憲政夢」，令習近平難堪、輿論譁然。

2014 年 6 月 10 日，劉雲山掌控的國新辦拋出香港白皮書，變相改變港人治港、高度自治的政策，激怒港人，激發香港政改爭議升溫。

劉雲山原本只是一個中專生，能夠爬到現在政治局常委位置，靠的是討好當時的中共總書記江澤民，在輿論上配合迫害法輪功。2002 年中共「16 大」召開，江澤民為了維持對法輪功的高壓迫害，第一次將文宣和政法的主管塞入政治局常委會，分別是李長春和

羅干。時任中宣部長的丁關根退休，劉雲山成為中宣部長。

劉樂飛成金融大亨

劉雲山 1997 年任中宣部副部長，其子劉樂飛因而得以留京，當時只是分到財政部綜合司工作。隨著劉雲山上位，其子劉樂飛也開始飛黃騰達。

2004 年，劉雲山把年僅 31 歲的兒子劉樂飛「強力安插到國內最大的機構投資者——中國人壽保險股份公司，出任投資管理部總經理，負責掌管超過 5000 億元保險資產的投資運用。」劉自此踏上國內金融業大亨之路。

劉樂飛被視為中國最有錢（權）的大老闆之一。中國百度百科介紹：這位 1973 年出生的北京中國人民大學畢業生，2011 年曾被《財富》雜誌評選為：「亞洲最具影響力的 25 位商界領袖」，在這個名單內位居第 22，是其中最年輕的上榜人士，年齡 38 歲。

車峰案 或牽出劉家貪腐

2015 年 6 月 2 日，中共原天津市長戴相龍的女婿、香港上市公司數字王國實際控制人車峰被抓。據各方報導，車被調查除涉及中共國安部原副部長馬建及北京盤古氏投資有限公司實際控制人郭文貴案外，同時他與劉雲山家族有密切關係。劉妻李素芳和大兒子劉樂飛母子兩人經常「借用」車峰的私人飛機，其中李素芳被指幾乎每年都「借用」30 多次，劉樂飛更借專機去歐洲看球賽。

劉雲山參與三大政變

第七章

人民網被端
公安部抓財新記者

2015 年習近平「九三閱兵」，江派常委劉雲山以「突襲」方式擅改閱兵的觀禮排位，讓江澤民站立習近平左側。閱兵後，劉雲山遭到多名中共政治局委員「圍攻」，被曝六罪責，地位岌岌可危。

閱兵之後，劉雲山（中）遭到多名中共政治局委員的「圍攻」，地位岌岌可危。（Getty Images）

第一節

抓人民網總裁 習瞄準劉雲山

2015 年 9 月 3 日習近平閱兵。在此之前，中國大陸發生了多件大事。

8 月 27 日，人民網正副總裁被抓。

8 月 18 日開始的中國股市第二輪股災，從 27 日起漸漸被穩住。

8 月 25 日，中信證券徐某等 8 人被抓，其中 3 人是高管。

8 月 21 日，北京中共中央黨校南門江澤民題詞巨石被整塊移除。

8 月 12 日，天津發生大爆炸。

8 月 10 日，官媒發表文章《人走茶涼》。

這些不同尋常的跡象，都指向了兩名中共高層：江澤民和劉雲山。

閱兵一周前 人民網正副總裁落馬

2015年8月27日，人民網副董事長、總裁廖玒和人民網董事、副總裁陳智霞，被檢察機關帶走調查。

在此之前，人民網副總編輯徐輝亦曾被協助調查。陸媒引用大型科技企業管理層人士的話說，徐輝任職人民網期間，其敲詐勒索、劣跡斑斑，且「吃相難看」。

52歲的廖玒最後一次出現在媒體報導中是在8月20日的官媒《人民日報》上，他到深圳參加2015媒體融合發展論壇時，就「媒介融合」發展發表了自己的看法。

公開資料顯示，廖玒和陳智霞兩人均為編輯出身，並在人民網的前身《人民日報》網路中心任職多年。廖玒曾為陳智霞的主管。2010年6月，兩人同時進入人民網管理層，並擔任正副總裁。

2005年2月，人民網股份有限公司成立，人民網後被注入該公司。2012年4月27日，人民網在上交所上市，成為中國首家A股上市的新聞網站，人民日報社為其控股股東。

人民網高管們的落馬，被普遍認為是對中共宣傳部門，尤其是文宣主管劉雲山的警告。

此時距習近平當局的閱兵還剩一周時間。

閱兵前9天 習抓捕劉雲山之子頭馬

從8月18日開始，A股再次大跌。滬指從8月18日開盤的3999點，到8月26日收盤2927點，跌去了1072點，最低碰觸2850點。當局在23日宣布了養老金入市方案，此後在25日中共

央行緊急降準降息，並發出抓人的消息，才勉強穩定股市。

官媒新華社 8 月 25 日晚間發布消息稱，中信證券徐某等 8 人涉嫌違法從事證券交易活動已被公安機關要求協助調查。

財新網的報導稱，中信證券徐某即為中信證券執行委員會委員、董事總經理徐剛。另外被要求協助調查的 7 人是：中信證券執行委員會委員葛小波和劉威、中信證券權益投資部行政負責人許駿、證券金融業務線行政負責人房慶利、中信證券金融業務線的姚傑、中信另類投資部的汪定國以及董事會辦公室副主任梁鈞。

中信證券執行委員會是中信證券內部最高經營管理機構。中信證券 2014 年年報顯示，執行委員共 8 人，分別為董事長王東明、總經理程博明、負責國際業務的殷可、負責經紀及研究業務的徐剛、負責資金運營及另類投資及風險管理工作的葛小波、負責資本仲介業務的劉威、負責投資銀行業務的陳軍以及負責國際投行業務的閻建霖。

也就是說，中信證券協助調查的 8 人中 3 人是執行委員會成員。

《蘋果日報》8 月 26 日的報導說，董事總經理徐剛是劉雲山之子劉樂飛的頭馬。文章表示，中信證券的副董事長正是中共政治局常委劉雲山的兒子劉樂飛，徐剛就是他的直接手下。

海外博聞社稱，公安部這次對劉樂飛手下的總經理下手，是獲得上頭授意的，奉命帶隊進駐證監會調查的公安部副部長孟慶豐親自簽署了調查令，以「涉嫌違法證券交易」的罪名，對中信證券徐剛等 8 人動手。知情者告訴博聞社，中信內部都知道，當局醉翁之意不在酒，在乎姓劉的副董事長，和副董事長背後那個大人物。

這或許被 8 月 28 日微博的一個帖子所驗證。

　　8月28日「新華微播」引用了一張圖片稱，目前根據各方面消息已基本確定事情脈絡：中信證券聯手某3家著名國際對沖基金做空A股，手法是利用不記名的虛擬子帳戶和資管的公允交易平台控制了大量殭屍戶。資金通過地下錢莊出入市場。同時證監會及證金內部有策應，通風報信，掌握國家隊主力節奏。

　　「新華微播」對此評論：如果情況屬實，中信相關高管應該集體死刑。同時由最高檢、證監會發布。

　　就在公安帶走中信證券8人的8月25日，中共證監會指定公開上市公司信息報紙《證券日報》罕見在頭版頭條位置刊文，直指中共「核心投行」沒有擔當起穩定股市價值中樞的功能，而是把心思放在「賺國家穩定資金的錢」上。

　　文章還稱，如果「自己人」和外部力量合夥，攻擊市場的軟肋，與政府維穩行動對賭，就涉嫌危害國家金融安全，應當對其採取果斷措施。

中共文宣在股災背後推波助瀾

　　劉雲山家族涉嫌操縱股市有兩個方面。一個是在輿論上打擊股民對股市的信心，另一個是通過劉雲山之子劉樂飛在中信證券的關係，操控股市。

　　在7月初第一波股災最嚴重的時候，李克強大舉救市行動始於7月6日，但是就在第二天，新華社在7日早上罕見地聲稱「救市無效」，引發香港股市大跌。

　　《明報》7月14日發表潘小濤的評論文章認為，似乎現在矛頭指向了李克強。新華社在救市第二天就判其死刑，不僅過於武

斷，也不符其喉舌角色，更加深各界對中國股市無救的印象。

還有港媒報導稱，新華社竟使用「救市無效」四字，外界見之愕然，與李克強「有信心、有能力應對各種風險挑戰」等誓言截然相反。

7月27日，大陸股市滬指大跌8.48％，當時看來是8年來最大的單日跌幅，而深圳股市指數則下跌了7％。

《紐約時報》報導，新華社當日在其經過認證的Twitter帳號上發帖稱「崩潰再現！」，並稱，在拋售中，所有在大陸上市的公司，大約有2/3的股票暴跌超過每天10％的下限。此動作被視為對股市暴跌幸災樂禍。

雖有報導稱，中信證券董事長王東明在中證監7月4日召集21家券商開會救市時候，率先向中證監主席肖鋼表態，「你說怎麼辦，我們就怎麼做」，並終令券商出資1200億元人民幣托市。但是劉樂飛在中信證券擔任董事、副董事長，使得外界對第一輪股災時中信證券在其中的角色產生強烈質疑。

傳中信和國際對沖基金做空中國

8月1日，海外博聞社引述消息報導，中共北戴河會議於8月3日正式召開，會期約13天。8月2日，即北戴河會議的前一天，當局公布了與現任政治局常委劉雲山之子關係密切的、位於上海的司度貿易有限公司A股被暫停交易的消息。

8月2日傍晚，位於上海的全球對沖基金巨頭Citadel公司，確認旗下國信期貨有限責任公司司度（上海）貿易有限公司帳戶被深圳證券交易所限制交易。這是上交所當日宣布限制的4個交

易帳戶之一。

中共公安部此前稱「上海個別貿易公司涉嫌做空」，司度貿易有限公司成為關注點。司度貿易原來的股東背景涉中信證券。劉雲山之子劉樂飛是中信證券副董事長。所以當時坊間傳中信證券聯手國際對沖基金做空中國股市。

司度貿易成立於 2010 年 4 月，坐落於上海市靜安區南京西路 1266 號 2 幢 15 層 1560 室。司度貿易起初註冊資本為 500 萬美元，公司股東有兩個，為中外合資企業：深圳市中信聯合創業投資有限公司持股 20％，Citadel Global Trading S.AR.L. 持股 80％。到了 2014 年 11 月，深圳市中信聯合創業投資有限公司將 20％股權轉讓給了 Citadel Global Trading S.AR.L.，由此，司度貿易成為外商獨資企業。該公司的註冊資本也在 2015 年 2 月，從 500 萬美元增加到了 1000 萬美元。

Citadel 公司是位於芝加哥的對沖基金巨頭，由 Kenneth Griffin 1987 年創建。如今，Citadel 管理的資金規模已高達 260 億美元。2012 年，Griffin 曾被福布斯評為全球最賺錢的對沖基金經理。

司度貿易原來的股東、深圳市中信聯合創業投資有限公司來頭也不小。公開資料顯示，該公司成立於 2001 年，儘管股東眾多，但在 7000 萬註冊資本中，出資最多的是金石投資有限公司，出資額為 6445.1117 萬元人民幣。金石投資則註冊於北京，是中信證券股份有限公司的全資子公司，中信證券直接投資平台。

Citadel 在被查後火速聲明如下：

Citadel 在華投資已有 15 年之久。無論是以往，還是近期在中國股市震盪期間，我們自始至終與中國相關監管部門保持積極和有益的溝通。我們在此確認國信期貨有限責任公司——司度

（上海）貿易有限公司帳戶被深圳證券交易所限制交易。目前，
本公司各辦公室的其他運營正常。我們將一如既往遵守中國的相
關法律法規，繼續合法開展各項經營。

中信證券是「幌騙」帳號的大本營

針對證監會 7 月末 8 月初的行動，彭博新聞社說，「幌騙」
（spoofing）行為成為當局打擊股市操縱的最新目標。

「幌騙」即虛假報價再撤單，指先下單，隨後再取消訂單，
來影響股價的行為。「幌騙者」（spoofer）通過假裝有意在特定
價格買進或賣出，製造需求假象，企圖引誘其他交易者進行交易
來影響市場。通過這種「幌騙」行為，「幌騙者」可以新的價格
買進或賣出，從而獲利。

2015 年稍早，美國檢察官曾指控倫敦交易員 Navinder Singh
Sarao 通過該策略造成美股「閃崩」，並讓華爾街 5 分鐘內蒸發 1
萬億美元市值。

上證報 8 月 3 日報導稱，被上交所限制交易的某帳戶在 7 月
8 日的交易中，累計申報賣出近 1 萬 6000 筆，累計申報賣出金額
超過 15 億元，申報賣出後的撤單率高達 99.18％。

一資深私募人士進一步解釋：「頻繁申報頻繁撤單的行為，
遇到近期股價大幅下跌甚至跌停時，會對個股價格造成下壓影
響，加劇投資者的恐慌情緒。在跌停時的賣出申報，會對投資者
產生遠離交易的心理暗示；反覆撤單，則會影響投資者對實時盤
面的判斷。」

有陸媒還將當時 A 股下跌以午後居多、特別是下午 2 點半左

右的「神奇的 2 點半」現象歸咎於程式化交易。

截至 8 月 3 日，證監會限制了 34 個帳戶，很多是量化對沖產品，包括程式化交易帳戶。

上交所 7 月 30 日、8 月 1 日分兩批次點名、限制共 14 家帳戶交易，深交所則先後對存在重大異常交易行為的 20 家帳戶限制交易，其中，盈峰資本、盈融達兩家旗下多個帳戶遭到上交所、深交所聯合限制交易。

上證報記者調查發現，遭查帳戶多為一方大鱷，大多鍾情量化交易、高頻交易。「盈峰」此次被上交所點名 4 帳戶，該 4 帳戶同時遭深交所點名，是本次遭查的大頭。而「盈峰」掌管的 4 帳戶開戶營業部皆為中信證券股份有限公司北京總部證券營業部，而這個營業部正是本輪救市主力軍大本營之一。

對此，彭湃新聞 8 月 4 日的報導嘆道：「同在一個屋簷下，做的卻是另一番事。」

有說法稱，2013 年的光大「烏龍指」事件，也涉及程式化交易。

2013 年 8 月 16 日 11 點 05 分上證指數出現大幅拉升，大盤一分鐘內漲超 5％。最高漲幅 5.62％，指數最高報 2198.85 點，盤中逼近 2200 點。下午 2 點，光大證券公告稱策略投資部門自營業務在使用其獨立的套利系統時出現問題。有媒體將此次事件稱為「光大證券烏龍指事件」。

光大事後檢查自稱，觸發原因是系統缺陷。

但是《大紀元》獲得的消息指，這是江澤民集團利用來打擊習近平陣營的一個手段，目的是在薄熙來案開庭前，中共江澤民集團為阻止薄熙來真實罪惡——迫害法輪功真相曝光所做的黑幕運作。

　　在 6、7 月第一輪股災之後，習近平和劉雲山之間激烈爭鬥的消息仍不斷出現。

劉雲山攻擊習近平

　　香港《動向》雜誌 8 月號稱，18 屆三中全會以來，劉雲山在中共高層作過兩次檢查，曾以不稱職、難承擔提出過請辭，實是測試習、李、王的反應，以退為進。

　　同時，劉雲山藉自我檢查貶習近平。報導稱，劉雲山在 6 月、7 月兩次政治局組織生活會上，一次在政治局常委會組織生活會上發難開炮。

　　6 月下旬，劉雲山在政治局常委組織生活會上作了「自我批評」，稱自己擔任中央書記處常務書記職務在所負責主持工作上存在著五大挫折和被動局面未扭轉。劉名為自我檢查，實是攻擊、貶毀習近平。中共 17 大期間，習近平就坐在今天劉雲山所坐的位子及負責分管的工作職權。

　　7 月初在中央政治局學習會議上，劉雲山藉學習和工作結合，自問自答地提出 9 個「為什麼」。7 月底在中央政治局組織生活會上，劉提出當前和今後一段時間「6 個極其危險的傾向和思潮」的說法。

習近平和劉雲山之間矛盾激化

　　在人民網高管被抓的 2 天前，即 8 月 25 日，大陸出現了攻擊習近平當局經濟政策的言論。罕見地，這些言論沒有被刪除。

凱迪社區的一篇《新經濟大躍進已宣告失敗》的帖子,在 8 月 25 日,點擊量高達 7.8 萬,內容是對習近平當局經濟政策的全盤否定。

文章把高鐵、地鐵、一帶一路、人民幣國際化、京津冀一體化和股市,全部歸為「大躍進」,並稱「中國的新經濟大躍進已宣告徹底失敗,沒人能逆經濟規律而行」,「大潮退去,方知誰在裸泳」。現在此文章已經被刪除。

同日,凱迪社區又有另一篇 4.5 萬點擊的熱帖《二次股市大跳水源於二次管理失誤嗎》,批評牛市行情是「惡鬼附身」以及當局經濟政策。直到發稿,此文章仍沒被刪除。

配合 A 股在 8 月 24 日的暴跌,新華社主辦的《財經國家周刊》微信公號當日深夜以《中國經濟和股市正在經歷一場 100 年未有之大變局……》為題,轉發兩篇文章。

一篇是《中國改革報》對民生證券研究院執行院長、民生財富首席經濟學家管清友博士的獨家專訪,題為《中國經濟和股市——變局之下,路在何方?》的文章。文中罕見提出,「高壓反腐是導致經濟下行另一個重要原因。」

這個說法之前曾經遭到習近平當局強力駁斥。

中紀委監察部網站 2 月 12 日刊登《反腐真「反得人人自危影響經濟」嗎?》一文,文章反駁「反腐影響經濟發展論」,稱這些觀點或是「不了解新常態」,或是「認識不深刻」,抑或是別有用心。

7 月 29 日,中紀委網站還刊文稱,反腐「促進經濟社會發展」,從 18 大以來到 2015 年 6 月,除了犯罪款物外,還上繳了 201 億官員「違紀」所得。

劉雲山扭曲習近平閱兵之意

「其實習近平對劉雲山早有看法。」接近中南海的知情者稱，劉雲山把持著文宣口，但文宣恰恰是習最不滿意的，他們表面上高唱「守土有責、義無反顧」，但在演釋習近平的想法和要求時，總是「不得要領，甚至適得其反」。

知情者表示，習近平本來提出9月的紀念活動取名叫「中國人民反法西斯戰爭勝利70周年」，既與國際同軌，也避開表面上針對日本的意思，但劉雲山的文宣部門硬用「抗日」稱謂，而且把宣傳做足了，想改也無法改，現在只好兩個疊加，叫做「紀念中國人民抗日戰爭暨世界反法西斯戰爭勝利70周年閱兵式」，又長又拗口不說，最終還是成為日本等相關國家拒絕參加的理由。或許，讓習近平在大閱兵中威信掃地，正是劉背後的用意。

劉雲山是江澤民的馬仔

劉雲山的簡歷顯示，畢業於內蒙古集寧師範學校，畢業後長期在內蒙古偏遠地區工作，先後做過教師等。此人原來沒有政治人物為後台，能夠爬到現在的政治局常委，靠的就是討好當時的總書記江澤民，迫害法輪功。但現在劉已經上了「追查迫害法輪功國際組織」的名單，遭到追查。

1997年10月，劉雲山任中宣部常務副部長，2002年10月中共「16大」召開前，劉雲山被提拔為中宣部長，「16大」後進入政治局和書記處。劉從中宣部常務副部長躍升為中宣部長，後來獲得18大入常的門票才是其仕途的真正飛躍時期。

1999 年中共迫害法輪功開始後，劉雲山在江澤民一手操縱成立的中共中央處理法輪功問題領導小組（「610 辦公室」即為該小組執行機構）分管反法輪功宣傳。有報導稱，劉雲山主導的是「宣傳工作辦公室」。從此劉緊跟江澤民宣傳誣衊、詆毀法輪功，作為其上位的本錢。

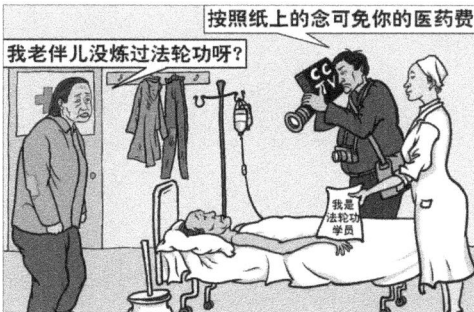

1999 年迫害法輪功開始後，劉雲山在江澤民一手操縱成立的中共中央處理法輪功問題領導小組中分管反法輪功宣傳。（大紀元）

2002 年中共「16 大」召開，江澤民為了維持對法輪功的高壓迫害，第一次將文宣和政法的主管塞入政治局常委會，分別是李長春和羅干。而劉雲山憑藉其對法輪功迫害的不遺餘力成為中宣部長。

劉雲山任職中宣部長直到 2012 年底。這期間大陸無數法輪功學員被非法綁架和關押、酷刑虐待，無罪判刑，這與劉雲山主持的宣傳有直接關係。

2005 年，美國人庫恩寫的那本吹捧江澤民的英文傳記《江澤民傳》，背後有劉雲山的運作。

在 18 大上，身負法輪功血債的劉雲山、張德江和張高麗能夠入常，也是江澤民以「魚死網破」威脅胡錦濤、習近平的結果。

第二節

新華社攻擊反腐
公安部抓財新記者

2015 年 8 月 24 日大陸股市再次暴跌，新華社深夜發文提到「高壓反腐是導致經濟下行另一個重要原因」。

此前，中共官方曾多次反駁「反腐導致經濟下行論」，這次新華社公然與中共中央論調相左，折射出習近平 9 月訪美之前，中南海博弈正加劇。

新華社鼓吹「反腐導致經濟下行」

2015 年 8 月 24 日，大陸股市截至收盤，滬指跌 8.49％，報 3209.91 點，創 8 年來最大單日跌幅；深指跌 7.83％，報 1 萬 970.29 點。至此，滬指失守年線，抹去 2015 年全部漲幅，3 天累計跌幅創逾 18 年來最大。滬深兩市逾 2000 股跌停。

8 月 25 日，大陸媒體澎湃新聞報導，8 月 24 日，A 股罕見暴跌。《財經國家周刊》微信公號當日深夜以《中國經濟和股市正在經歷一場 100 年未有之大變局……》為題，轉發兩篇文章。

在前一篇文章中，民生證券研究院執行院長、民生財富首席經濟學家管清友在談對中國大陸經濟的看法時，直接提到，「高壓反腐是導致經濟下行另一個重要原因。」

管清友解釋，必須強調，我們很支援反腐，大力反腐之後，集團消費大幅降低，同時地方政府行為也有所改變，出現消極怠工、懶政怠政等情況，因為這個時候相比於「大拆大建」去建功立業，倒不如選擇「明哲保身」。

公開資料顯示，《財經國家周刊》是中共喉舌新華社推出的第一本財經類期刊，2009 年 12 月 28 日面世，是《瞭望》品牌時事政經期刊集群系列刊物之一。

新華社旗下的刊物此次公然鼓吹「反腐導致經濟下行」的論調，雖然是借管清友的口，但依然給外界突兀的感覺，顯得十分蹊蹺，因為此前中共官方曾多次反駁這一論調。

習近平：反腐有利經濟

「兩會」期間，3 月 6 日上午，習近平參加江西代表團審議。習近平在講話中稱，「可見，反腐並不會影響經濟發展，反而有利於經濟發展持續健康。」

7 月 30 日，新華網刊文《「反腐帳本」曬出經濟正能量》，稱從 18 大到 2015 年 6 月，中共紀檢監察機關在查處腐敗案件同時，已有效挽回經濟損失 387 億元。文章稱，反腐還為改革帶來

更多新的紅利，包括遏制奢侈浪費、激發經濟的內生動力、提振了市場主體信心……。

此次新華社再次炒作「反腐導致經濟下行」，顯然是在和習近平、王岐山唱反調，這背後很可能是操控中共文宣系統的江派常委劉雲山在搞鬼。

截止8月29日，王岐山那邊沒有什麼動靜，保持著沉默，並沒有針對新華社的這一舉動進行反駁。

有分析認為，上述跡象表明劉雲山針對習王的挑戰越來越明顯，與習近平的分裂越來越公開，這或許折射出，在習近平9月訪美之前，中南海博弈還在加劇。

公安部抓財經記者 涉及王岐山

據新華網8月25日消息，中信證券股份有限公司徐某等8人涉嫌違法從事證券交易活動，《財經》雜誌社王某夥同他人涉嫌編造並製造傳播證券、期貨交易虛假信息，中國證監會工作人員劉某及離職人員歐陽某涉嫌內幕交易、偽造公文印章，上述人員已被公安機關要求協助調查。

8月26日中午，《財經》雜誌在其微博上貼出「《財經》雜誌社關於本刊記者王曉璐被公安機關傳喚事宜的說明」一條微博，稱該雜誌收到各界詢問，現對此進行回應。該雜誌還把回應的全文作為當日頭條放到網上。

聲明稱：「經核實，本刊記者王曉璐確於當晚在其家中被公安機關傳喚。因本刊尚未收到公安機關的任何通知，故無法確知王曉璐被傳喚的具體原因。」

　　《財經》聲明提到，8 月 20 日，《財經》發表了記者王曉璐採寫的報導《證監會研究維穩資金退出方案》，當天證監會發言人公開表示，報導不實。隨後該雜誌在新聞出版主管部門和證券稽查部門要求下，對採編過程進行了書面說明。

　　聲明還表示，《財經》雜誌社對記者在職務範圍內的正常採寫行為承擔責任，並維護記者依法履行職務的權利，關注其享有的其他合法權益。

　　聲明強調媒體的責任後，並為底下記者打氣說：「將一如既往地支援記者對證券市場進行深入、準確、客觀的報導。」最後表示，要積極配合有關部門調查，務求查明真相。

中共將股市暴跌歸咎於記者 遭批評

　　央視 8 月 30 日播出畫面上，《財經》雜誌的記者王曉璐「承認」他造成股市混亂和恐慌。他說他從「私人管道」獲得有關證監會的信息，然後在報導中加入「自己的主觀判斷」。他懺悔表白：「在一個敏感時期，我不應該發表具有這樣巨大負面影響的報導。」

　　《華盛頓郵報》報導說，這個高調的強迫性道歉發生在中共當局對付天津爆炸和股市危機的時刻。官媒聲稱，王曉璐是最近因「散布謠言」受到懲罰的 197 人之一。

　　中國股市泡沫自 2015 年夏天破裂以來，中共政府一直努力遏制危機，下令媒體淡化局勢，並且定期挑出批判對象，從「外國敵對勢力」到「惡意賣空者」，到美聯儲，再到現在的記者。

　　在 7 月 20 日的《財經》雜誌上，王曉璐敘述，中國證監會在

權衡是否要停止救市。證監會在當日否認這篇報導，稱其「不負責任」。逾一個月之後，證監會的確採取了更加放手的做法，中國股市經歷又一輪暴跌。而王曉璐因為散布「虛假信息」被拘押。

　　記者無疆界譴責中共拘捕王曉璐，呼籲釋放他。該組織的祕書長德羅瑞（Christophe Deloire）聲明說：「說一名商業記者要為股價的驚人下滑負責是罔顧事實。」「將市場危機歸咎於一名記者是無比荒謬的。」

　　《金融時報》報導說，王曉璐的被捕受到位於美國的保護記者委員會的譴責。該委員會認為，中共當局對金融市場波動的過敏不應是它恐嚇和監禁記者的理由。

　　香港大學中國傳媒計畫負責人班志遠（David Bandurski）說，他關切當局此次拘捕記者的行為。「這不是有關報導的真實性，而是有關它的政治影響。這看起來像是一個仇殺。」班志遠表示，它比先前記者因「洩漏國家機密」等罪名而被拘捕的案例更加令人擔憂。

　　美國華府中國問題專家石藏山表示，《財經》的文章是說資金要對日後退出市場做研究，任何人憑常識判斷，不可能不研究不準備的。這麼大的資金進去，一定有多個推出方案，那不是小錢，別說是上萬億的資金，一般基金經理投資 10 多億，也是在入市時就會準備如何退出，《財經》的報導沒有錯。官方的否認，公安部的調查顯得很奇怪，好像公安部故意在為難財經網。

　　石藏山分析，《財經》針對記者被抓發出的聲明，言語措辭都表現得很強硬。《財經》雜誌的主編是王波明，他是中共前外交部副部長王炳南之子，是大陸證券市場的創建者之一。1989 年「北京證券交易所研究設計聯合辦公室」成立，裡面全都是太子

黨，頭是王波明，當時得到中共國務院副總理姚依林的支持。

石藏山表示，由於時任上海市長朱鎔基的關係，證券交易所最後設在了上海。當時參與這個事的還包括時任人民銀行副行長劉鴻儒、中創公司總經理張曉彬、中農信公司總經理王岐山，所以《財經》的整個背後是王岐山的勢力。回頭來看，公安部問罪《財經》雜誌，恐怕不是針對這篇文章，而是針對後面這批人，裡面有和習近平、王岐山對抗的因素。

公安部四處抓人 中南海博弈激烈

自 7 月份起，中共公安部以打擊「網路違法犯罪」為名，展開為期 6 個月的「淨網行動」。

截至 8 月 19 日，有大約 1 萬 5000 人遭到中共公安部以涉嫌「危害網路安全」逮捕。此舉被視為中共對網上言論的進一步箝制。

中共公安部在網站發布聲明說，警方已偵辦網路犯罪案件 7400 餘起，但並未明確說明何時逮捕這些嫌犯，很有可能是指在過去幾個月所逮捕的。

中共公安部於 8 月初宣布，該部將於大型網路公司安置網路警察，以期及時發現並預防欺詐、竊取個人信息和傳播「謠言」等不當行為。外界普遍認為，這是中共箝制言論自由的進一步升級。

中共公安部在 7 月 9 日開始抓捕維權律師及相關人士，至今還有部分人士被關押。

據香港維權律師關注組消息，截至 8 月 28 日，有 12 位律師依然失去自由，被刑拘或監視居住，包括：王宇、包龍軍（王宇先生）、王全章、謝燕益、隋牧青、謝陽、劉四新、謝遠東、李

和平、周世鋒、黃力群、陳泰和教授等。

另外還有 7 位公民現在也處於同樣的被刑拘或監視居住狀態，包括律師李和平的二位助理趙威、高月、天津的勾洪國（戈平）、北京的劉永平（又名老木）、湖北的耿彩文、王芳、尹旭安等。

其中大部分以涉國家機密為由，不讓律師、家人會見。有的至今沒有給家人任何書面的交代。

中共公安部此舉被認為有中南海博弈的因素，背後很可能是江澤民集團企圖讓習近平在國際社會丟臉，阻止習近平 9 月訪美。

石藏山認為，現在中南海博弈確實相當激烈，是劉雲山和江派在政法委的殘餘勢力與習、王搞得比較尖銳，還不光那些人，還有很多地方政府的勢力，對習、王的做法很不滿意，認為習、王破壞了規則，但是他們又不敢表露出來，於是有一部分人就投靠到江澤民的麾下，有的就按部就班，消極怠工。現在兩邊的陣營越來越成型，對習來說，要想把體制內聲音全部打下去，就必須把江打下去。

第八章

官媒重提「刑上常委」
政治局猛批劉罪責

京、滬首虎落馬後，2015 年 11 月 12 日，官媒刊文稱「打虎」全覆蓋只是開始，強調「一把手」權力大、風險更大，文章重提「刑不上常委」規矩已被打破。隔日官媒再刊文質疑中央黨校「一把手」到底是誰？直接點名江派常委劉雲山。

京、滬首虎落馬後，官媒刊文質疑中央黨校「一把手」到底是誰？
直接點名江派常委劉雲山。（Getty Images）

第一節

閱兵時搞鬼
劉被政治局猛批六大罪

　　劉雲山是江澤民強硬塞進中共 18 大政治局的常委，其死心塌地為江賣命的很多做法，讓習近平、王岐山及李克強等人非常不滿，恐成為習提出的「幹部能上能下」制度實施後最先被踢下的人。

死挺江澤民 擅改習閱兵計畫

　　有港媒透露，對北京「九三」閱兵的觀禮，習近平原本已有新安排，即江澤民、胡錦濤兩名前任中共總書記排在現任政治局常委後面，而前任政治局常委排在現任政治局委員後面。

　　未料江派常委劉雲山在這個問題上搞突然襲擊，臨時下令將江澤民和胡錦濤的排位排在現任政治局常委前面登樓。

報導說，9 月 3 日早晨臨近 9 時，當時習近平與妻子彭麗媛正在忙於接待來賓，劉雲山趁機擅自下令稱：今天閱兵有重大歷史意義、重大政治影響，是特殊情況，按特殊處理。

劉雲山要求將兩名中共前「黨和國家領導人」江澤民、胡錦濤的出場觀禮檢閱按過去所行程序。劉雲山還特意叮囑下屬要按他的意思辦。

據稱，當江澤民、胡錦濤排在現任政治局常委前面登樓，並站立在習近平的左手一側時，對習近平來說，這是突發性和不正常的情況。

報導猜測，這或許是習近平在登車檢閱三軍時顯出疲態跡象及疑似心不在焉狀態的深層原因。

劉雲山此舉，顯然是對習近平閱兵的一種政治「突襲」，其目的是死挺江澤民，把胡錦濤拉過去「陪綁」，藉此給江澤民集團的大小餘黨打氣。

據報導，閱兵之後，劉雲山遭到多名中共政治局委員的「圍攻」，成為名副其實的「政治靶子」，地位岌岌可危。

劉雲山被曝六罪責 遭 8 人抨擊

據《爭鳴》10 月號報導，2015 年 9 月 15 日，中共中央政治局常委會通過一項決議，因違反若干中共政治「紀律」和政治規矩等行為，責成現任政治局常委、中央書記處常務書記劉雲山進行「反思」和提交檢查報告。

報導稱，劉雲山存在六大罪責：

1. 阻止、反對中共《人民日報》、《求是》等各級黨媒點名

批判周永康、薄熙來、郭伯雄、徐才厚、令計劃等落馬高官。

2. 未經審議許可，擅自以書記處名義向中共中央政治局、常委會提交意見報告。

3. 未經審議許可，擅自以書記處名義轉發和批發中共中央部委、地方黨委的工作指示報告。

4. 擅自修改、篡改中共中央巡視組對中央部委和地方黨政巡視意見報告。

5. 7 月底，中共中央書記處向政治局提交 120 多人的準省部級候選官員名單，其中有 70 多人未經中共中央書記處討論。

6. 至今未就家屬子女經濟來源和財產作出申報的兩名政治局常委之一，另一人是張高麗。

出席擴大會議中辦主任栗戰書，中組部長趙樂際，中共國家副主席李源潮，中共軍委副主席范長龍、許其亮，中共北京市委書記郭金龍，中央政法委書記孟建柱，中央政策研究室主任王滬寧等 8 名政治局委員，都加入對劉雲山的批判。

強推「新聞道德委員會」監控媒體

2015 年 9 月 24 日，中共中宣部、中國記協召開「新聞道德委員會試點工作交流研討會」，以加強新聞職業道德和提升新聞從業人員素質為名，要求年內建立省一級「新聞道德委員會」。

英國廣播公司（BBC）曾在 2014 年 2 月 25 日引述分析人士評論稱，在大陸各地增設「新聞道德委員會」實為增強媒體監控，試圖以「整治新聞敲詐和假新聞」的罪名進一步封殺批評中共腐敗現象的媒體聲音。已落馬的中共前政法委書記周永康、原軍委

副主席郭伯雄、徐才厚等,均是貪腐淫亂之輩。

對於中宣部的「新聞道德委員會」,網友「陽光金沛」說:「道德委員會的委員們的道德如何評定?看看現有的人大代表是否能代表人民?我們的新聞連底線都沒有,還有道德嗎?」

比如 2015 年 6 月 1 日,遊輪「東方之星」在中國湖北監利縣長江大馬州水道傾覆。事故造成 442 人死亡,僅 12 人獲救。6 月 4 日上午,中共政治局常委罕見召開應急處置「東方之星」船難會議。

官媒新華社隨即第一時間發布此消息,大陸媒體、港媒緊隨轉載。但不久,這條消息不但被大陸多數媒體刪除,香港「鳳凰網」等報導也遭刪除。支持習近平的「財新網」則將此消息放在網站首頁和重要位置。

美國《紐約時報》、有線電視 CNN、英國 BBC 均報導稱,在「東方之星」船難期間,中共中宣部限制和阻止媒體採訪船難倖存者,禁止記者到當地醫院和船難現場等。

海外「中國數字時代」6 月 8 日曝光中共中宣部最新密令。此項密令禁止所有媒體報導諾貝爾和平獎得主、緬甸反對派「全國民主聯盟」領袖昂山素季訪華和《穹頂之下》紀錄片獲生態獎,有關「東方之星」宣傳卻要求採用中共新華社通稿,船難救援期間和罹難者「頭七」前後加強對採訪記者個人微博微信管理。報導還附有密令的電話記錄圖片,記錄日期是 6 月 5 日。

對於邀請昂山素季訪華的媒體報導,海外博聞社 6 月 6 日披露,習近平不僅下令中共中聯部負責這項外事活動,還親自批示:不但要請,還要公開宣傳。

劉雲山家族深涉中信證券案

因涉嫌違法證券交易，自 8 月 25 日起，劉樂飛擔任執行董事、副董事長的中信證券已有半數高管遭警方調查。

大陸《時代周報》9 月 8 日報導引述深圳某券商高層披露，作為大陸股災救市的主力，從中信證券救市時買入股票的情況來看，也確有內幕交易嫌疑。

做空 A 股一般通過同時操作現貨和期貨來實現。一北京不願署名的私募人士透露，因 QFII 和或剛通規模有限，境外資金可通過地下錢莊和貿易方式兩大途徑進入 A 股，並靠大手筆買賣做空股市。數名基金、證券人士認為，如果中信證券與境外基金有關係，很有可能是通過私人關係洩露市場交易信息，讓境外基金獲利。

時政評論人士陳思敏曾發文評論稱，中信證券至少聯手三家著名國際對沖基金做空 A 股，包括 Citadel、Man Group 等。

香港《東方日報》9 月 18 日消息，現任中信證券董事長王東明即將退休，劉樂飛原本很有機會接任其董事長一職。報導稱，中信證券半數高管遭警方調查，劉雲山之子劉樂飛擔任中信證券副董事長，當局劍指何處，似乎不言而喻。

9 月 23 日，大陸新浪財經援引美國彭博社報導，據不願具名的知情人士披露，中共官方初步調查顯示，有證據證明，中信證券不僅存在涉嫌利用事先獲知政府救市措施牟利的行為，還涉嫌引導救市資金為其牟利或進行利益輸送。

9 月 24 日，香港「東網」發表署名馮海聞的評論文章稱，中信證券作為國有控股第一大證券公司，在大陸股災時大發國難財，對中共當局來說無疑是一場「經濟政變」。

劉雲山父子惡意做空股市

此前，有傳聞稱劉雲山父子捲入了惡意做空中國大陸股市疑案。

9 月 15 日晚，中信證券公告，中信證券總經理程博明等 3 人因涉嫌內幕交易、洩露內幕信息接受調查。上個月包括中信證券董事總經理徐剛在內的 8 名高管因涉嫌內幕交易被警方帶走。

至此，中信證券涉嫌內幕交易風波已有 11 人被調查，即中信證券最高管理機構的執行委員會有一半人被查。

劉雲山的兒子劉樂飛是中信產業投資基金管理有限公司董事長兼 CEO，兼中信證券董事。不過，也有外媒報導稱，2014 年 3 月，劉樂飛已被任命為中信證券副董事長。

有業內人士踢爆，若沒有劉雲山的暗助，以劉樂飛的專業能力，怎麼可能有這種點石成金的能力？股權投資圈一度流傳，劉樂飛是投資圈一霸。

報導還表示，中信證券在大陸這輪股災救市中，不僅大發國難財，還圖謀利用金融危機引發政治危機，習近平遂指令公安部直搗中信證券這個做空中國股市的大本營。

「能上能下」先拿劉雲山開刀？

港媒報導說，今次中信證券窩案還在發酵，值得注意的是，早前中共通過了官員「能上能下」的規定，一些故意唱反調的高官，很可能成為先行先試的「樣品」。

6 月 26 日，習近平主持召開中共中央政治局會議，審議通過《關於推進領導幹部能上能下的若干規定（試行）》。6 月 30 日，

有海外媒體報導稱，規定重點不在「能上」，而在「能下」，顯示當局要藉此建立起一套新的官員流動制度，重點要藉此拿下那些已經上位、無才無能礙手礙腳者，特別是身居高位的庸官。

大陸學者潤濤閻發表的分析文章《習近平需要在換屆前改組現常委》表示，打掉兩名原中共中央軍委副主席徐才厚、郭伯雄之後，習近平基本掌握了軍權。接下來最重要的是在形式上廢除江澤民、曾慶紅定的潛規則，包括「七上八下」、常委只在換屆時更換，而不能在「全會」時更換。

文章說，習近平上台後成立了十幾個小組，就是設法讓江澤民塞給他的七常委裡的幾個江澤民嫡系去「打醬油」。

這幾人中至少有一人需要在換屆（19 大）前被免職，以表明習近平可以廢掉江的潛規則。這幾個常委在習近平身邊晃悠本身就嚴重影響習近平的心情。

具體操作是把他們打成「老虎」，還是因能力不行而下台，要看哪個辦法更能穩定局勢。如果按照「能上能下」的套路，說他們沒能力當常委，幾乎無人不認可。

據報導，劉雲山多年來一直飽受海內外媒體詬病，在中國網民中口碑極差、形象不佳、只會玩弄權術。中共 18 大前，劉也是遭非議最多的人，黨內外對其劣評如潮，強烈反對其「入常」。

劉雲山被各民主黨派、無黨派人士點名炮轟。民主黨派四度上書反對劉進常委；民主黨派中央聯署反對劉雲山列常委候選人。據知，當時劉雲山的富豪兒子忙於幫老子運作，博取「入常」機會。

有評論說，假如說操縱股市還只是經濟問題，那擅自改變閱兵登樓的站位安排，這就是「政治錯誤」，假如習近平雙管齊下，兩相治罪，劉雲山的麻煩就太大了。

第二節

金正恩拒李源潮
邀劉雲山訪朝內幕

2015 年 10 月 10 日北韓勞動黨創建
70 年，金正恩拒絕瞽當局派遣李源潮
訪朝，卻要求劉雲山同台閱兵，突顯
江派高層與北韓金氏政權關係密切。
（AFP）

北韓拒絕李源潮到訪

2015 年 10 月 10 日，是北韓勞動黨創建 70 年的日子。按照慣例，中共會派團訪問平壤，為金正恩充當門面。不過這次卻出現了意外。

韓國《東亞日報》10 月 1 日援引消息稱，中共當局想派中共國家副主席李源潮等政治局委員高級別人員前往北韓，參加 10 月 10 日的紀念活動，以顯示改善中朝關係的誠意，但遭北韓拒絕。

5 年前的 2010 年 10 月 9 日至 11 日，中共前政法委書記周永康率團參加北韓勞動黨創建 65 周年紀念活動。10 月 10 日上午，平壤金日成廣場上舉行盛大閱兵式，金正恩作為金氏政權的繼承人公開亮相大型活動。

據港媒報導，金正日給予周永康隆重的禮遇，周是唯一登上閱兵式主席台觀禮並與金正日全程同行的中共代表團成員。金正日還拉起周永康的手一同向人群揮手致意。

金正日的「接班人」金正恩也會見了周永康，這是金正恩的首次「外交秀」，周永康成了金正恩當年 9 月公開其「接班人」身分後，首次公開會晤的中共高層。

然而如今的周永康卻成了階下囚，這令金正恩很不爽。

金家盟友周永康想爭主席位置

據《周永康和薄谷開來》一書披露，2011 年，即中共 18 大召開的前一年，在一次中共政治局常委會上，周永康喋喋不休地大談讓薄熙來「18 大入常」。

對此話題，胡錦濤、溫家寶、習近平及李克強等分別表達了看法。周永康則稱，讓薄熙來擔任政法委書記分量都輕了，他推薦薄熙來分管中紀委和政法委。

周永康還聲稱，如果有必要，總書記、國家主席和軍委主席這三個職位也不要由一人擔任。國家主席不一定非要常委擔任，可以由退下來的人擔任。據說，習近平一看周永康野心如此之大，居然覬覦國家主席的位置，非常生氣。

此前 17 大時，習近平進入中共最高領導層的政治局常委會，被內定為中共總書記胡錦濤的繼承者。2008 年 3 月習近平上任中共國家副主席。2009 年習近平在 17 大四中全會上出任軍委副主席。按照中共慣例，習近平將在中共 18 大接任總書記及軍委主席職位，次年兩會出任中共國家主席。

金正恩冷處理習近平賀電北韓國慶

自從習近平上台後，習對金正恩的一意孤行甚是不滿，兩國關係也日趨冷淡。

比如 2015 年 9 月 9 日，是金家王朝的所謂「北韓民主主義人民共和國」成立 67 年。按照外交慣例，跟北韓友好的國家都會在這一天向北韓發送賀電，並且在北韓官方報刊上予以刊登。中共作為北韓的戰略盟友，自然也不會保持沉默。

不過，人們看到的景象與往年大不相同。北韓官媒《勞動新聞》於 9 月 9 日當天在頭版醒目位置刊登了俄羅斯總統普京、古巴國務委員會主席卡斯特羅的賀電，而中共領導人習近平發去的賀電，卻被刊登在第二版的下半幅，讓外界頗感詫異。

這顯然不是《勞動新聞》的工作失誤，而是金正恩授意所為。

對於是否參加北京「九三」閱兵，金正恩也是出爾反爾，最終未能參與，而韓國女總統朴槿惠卻成為閱兵的座上賓，這讓金正恩很不悅。

也有消息說，這次去北京和上次去俄羅斯一樣，「金正恩第一次出國訪問，也許想在中國得到特殊待遇，但他意識到中國不能滿足他的需求。」所以，這兩次金正恩都沒有出行。

2011 年底，隨著金正日死亡，金正恩開始執掌北韓軍政，不過，登基近 4 年，一直未能與習近平主席會晤。而 2013 年上任的韓國總統朴槿惠則已經與習近平會面 6 次。據說，北韓認為北京對金正恩缺乏尊重，因此感到惱火：「北韓覺得中國把金正恩當小孩子看待。」

不過，無論北韓如何刻意貶低中國的重要性，北京依然是平

壞最主要的戰略盟友以及外交上的保護者。而北韓努力拉攏的俄羅斯，其所能夠提供的經濟援助規模依然與中國無法相比。外界評論說，金正恩對中共的態度搖擺不定，有時候不聽話，有時候又故意討好，顯示出這個年輕領導人的確在政治上缺乏成熟與穩重。

北韓主動要求江派劉雲山訪朝

北韓拒絕了李源潮的訪問，但三天後的 10 月 4 日，新華網報導說，中共中央對外聯絡部新聞發言人當天在北京宣布，應北韓勞動黨中央委員會邀請，中共中央政治局常委、中央書記處書記劉雲山將於 10 月 9 日起率團出席北韓勞動黨成立 70 周年活動，並對北韓進行訪問。

劉雲山是前黨魁江澤民集團對抗習近平陣營的前台人物。劉雲山靠討好江澤民，積極追隨江澤民集團殘酷迫害法輪功而發跡。劉雲山是江澤民掌控中共宣傳系統的代表人物。

長期以來，北韓金氏政權一直受中共江派操控，江派要員周永康、曾慶紅、張德江等與北韓高層密切互動，與金氏政權關係非同一般。

江派與北韓的關係非常密切

江派前常委周永康曾多次與北韓高層會晤。在參加北韓勞動黨創建 65 周年活動前，周永康 10 月 9 日在平壤會見了北韓勞動黨中央政治局常委、最高人民會議常任委員會委員長金永南。

另外，周永康還曾在北京會見北韓勞動黨中央政治局委員、

國防委員會委員、人民保安部部長李明洙；在人民大會堂會見北韓勞動黨政治局候補委員、中央書記太宗秀等。

英國《星期日泰晤士報》曾報導，周永康是北京與金氏父子維繫關係的橋梁。此前有報導說，北韓是薄周政變失敗後，周永康的退路之一。

江澤民的「軍師」曾慶紅，也曾與金正日打得火熱。2001 年 3 月，曾慶紅為江出訪打前哨戰前往北韓時，受到金正日熱烈歡迎，北韓後來還特意發行了曾慶紅與金正日在一起的小型郵票。

在中共 18 大常委中，江派兩常委張德江和張高麗曾留學北韓，以至於有人戲稱：哈佛大學敗給了金日成大學。

張德江 1978 年 8 月到 1980 年 8 月在北韓留學。張德江主導了多個對朝傾向性政策，坊間早有說法，稱張德江是「金正日在中國的代理人」。

2011 年 7 月 12 日，北韓最高領導人金正日和第三子金正恩一起接見了到訪的中共政治局委員、副總理張德江，當晚還設宴款待代表團。而同樣以政治局委員、中組部長身分訪問北韓的李源潮並沒有獲得金正日的會見。

與張德江畢業於金日成綜合大學經濟系不同的是，張高麗只是在該大學短期受訓，但張高麗在官方履歷中隱瞞了這段履歷。據經濟學者何清漣在推特爆料：張高麗的簡歷上現在只寫廈門大學學歷，不寫他在金日成大學的短期受訓。這一點，當時在深圳可是作為坊間笑談，認為是其保守的由來。

18 大前，天津薊縣一場大火讓掩蓋災情的張高麗更加臭名遠揚，其名中的「高麗」二字也成為民眾調侃的話題：張高麗與「高麗人」有關聯（「高麗人」通常指北韓族人）。

金正恩生活豪奢 體重劇增至 260 斤

儘管北韓百姓靠中共和國際社會的救濟，勉強存活，但北韓最高領袖金正恩卻吃得腸肥腦滿。有消息說，金正恩執政 5 年以來，體重增加了 30 公斤，可能達到 130 公斤，也就是 260 斤。

韓國《朝鮮日報》引述政府有關人士的話稱：「綜合分析了金正恩的體型和走姿，結果發現 2010 年金正恩作為金正日的接班人，在北韓媒體首次出現時的體重是 100 公斤左右。後來，金正恩體重劇增，現在估計有 130 公斤左右。」

至於其肥胖的原因，韓國政府消息人士表示：「2013 年 12 月，金正恩的姑丈張成澤被處決後，他的體重開始快速增加，有可能是因為壓力大暴飲暴食的生活習慣導致的。」另有人分析稱，金正恩是為了使自己看起來更像祖父金日成，而刻意讓自己胖起來。

之前英國《每日郵報》曾報導，在瑞士留學的金正恩愛吃瑞士的埃曼塔乳酪，使其體重不斷增加。此外，曾擔任金正日專職廚師長達 13 年的日本人藤本健二接受《每日郵報》訪問時表示，金正恩喜歡吃壽司和喝香檳，可能是其體重增加的主要原因。

藤本健二說：「我每周給金正日做壽司時，金正恩一定在場。金正恩不但喜歡吃壽司，也喜歡喝香檳。一旦開啟香檳，他一個人一口氣喝掉兩瓶。他特別愛喝法國的路易王妃（Louis Roederer）牌香檳。」

韓國醫療界人士認為，32 歲的金正恩看起來屬於高度肥胖者。考慮到他又是愛吸煙的人，患有心臟疾病和腦梗塞的可能性很大，健康可能有問題。

第三節

人民日報「踩紅線」
劉雲山系統恐遭清洗

人民日報社與求是雜誌社被查

中紀委網站 2015 年 10 月 18 日消息，中共中央第四巡視組從 2015 年 6 月 30 日至 8 月 31 日對人民日報社和求是雜誌社進行了專項巡視。

10 月 18 日上午，中央第四巡視組組長馬瑞民等向求是雜誌社社長李捷傳達了習近平的講話，並反饋了雜誌社存在的問題：一些文章刊發「把關不嚴」，刊發關係稿、人情稿，公款吃喝送禮，對一些「違規違紀問題查處不力，處理偏寬偏軟」等。巡視組把收到的反映「領導幹部」的問題線索，已轉中紀委、組織部等部門處理。

10 月 18 日下午，中央第四巡視組組長馬瑞民等向人民日報

社長楊振武傳達了習近平的講話，並反饋了該社存在的很多問題：一些社屬媒體「打擦邊球」、「踩紅線」現象時有發生；利用黨報資源搞合作開發牟利；有的下屬單位存在「有償新聞、有償不聞和新聞敲詐」現象；有的幹部「帶病上崗」；工程建設「違規問題」較多等。巡視組把收到的反映「領導幹部」的問題線索，已轉中紀委、組織部等部門處理。

中共文宣系統長期被江派常委李長春、劉雲山等掌控。隨著習、江鬥越演越烈，由劉雲山主管的文宣系統成了江派人馬阻擊習近平陣營的前沿陣地。文宣系統不但時常封殺習近平、李克強等人的講話，而且還隨意曲解習近平的各項政策等。習近平當局開始不斷清洗劉雲山主管的文宣系統。

時政評論員石實表示，由習近平、王岐山主管的巡視組反饋的情況，直接點出了人民日報社和求是雜誌社的文章存在「踩紅線」、「把關不嚴」，刊發關係稿等現象，其實質就是進一步問責江派常委劉雲山。

石實說，人民日報社和求是雜誌社還存在官員「帶病上崗」、利用中共國家資源牟利等嚴重問題，預計當局將進一步清洗劉雲山安插到這兩個部門的人馬。

劉雲山被要求做書面檢查

香港《爭鳴》雜誌 10 月號披露，中共政治局常委會 9 月 15 日通過一項決議，責成政治局常委、書記處書記劉雲山就若干問題的處理上不遵守「政治紀律和政治規矩」導致政治上的重大失誤、消極影響等做出反思並提交檢查報告。

會議披露，劉雲山不遵守「政治紀律和政治規矩」的典型事例有四宗，其中兩條與《求是》上刊發文章有關。

一、未經中共中央書記處討論，劉雲山擅自安排多名前常委在《求是》上發表文章。因被中辦主任栗戰書發現並報告給政治局常委，這個安排「流產」。二、未經中共中央書記處討論，也未向中央政治局報告，擅自安排以中央書記處和劉雲山個人名義在《求是》上發表文章，此舉遭到王滬寧的指責。劉雲山承認有疏忽。

習近平批文藝怪象 劉雲山被問責

2015 年 10 月 14 日，中共官媒新華社刊發了習近平上一年在全國文藝工作座談會中的講話全文。

習近平在會上尖銳批評當前中國文藝界存在的 8 種怪象，包括抄襲模仿、醜化民群、低級趣味等，大陸媒體報導時使用的原標題為《習近平批 8 種文藝怪象 句句到肉針針見血》。

央視去年報導畫面顯示，劉雲山出席了文藝會議，坐在習近平左邊，習近平的講話令在一旁的劉雲山臉色很難看。

分析認為，這是習近平當局釋放進一步清洗文宣系統的信號，問責主管文宣系統的江派常委劉雲山。

劉雲山 1997 年任中宣部副部長，2002 年到 2012 年任中宣部長，2012 年 11 月任政治局常委、中共中央精神文明建設指導委員會主任，是江澤民團伙阻擊習近平陣營的前台人物。

第四節

官媒重提「刑上常委」後公開調侃劉雲山

官媒點名調侃劉雲山

　　2015 年 11 月 13 日，《人民日報》旗下的微信公眾號「人民日報政文」發表文章《黨校的「一把手」到底是誰？》。文章以國務院總理李克強在中央黨校就當前經濟形勢和重點作工作報告引開話題，故意點出報告會主持人是中央黨校常務副校長何毅亭。

　　文章以「正哥哥」的口吻寫道，「總理來作報告，主持報告會的不應該是『一把手』校長嗎？」那麼問題來了，校長是誰？「校長：劉雲山」。

　　人們不禁要問，李克強去黨校講話，劉雲山為何不露面呢？文章故意點出這一事實，是暗示劉雲山已經沒有資格露面了嗎？或類似當年劉雲山故意編造一個「習近平打的」的假新聞，目的

就是嘲諷和調侃習。

文章稱，按照慣例，中共中央黨校校長一般由排名第一的中央書記處書記兼任；地方黨校校長一般由同級黨委書記或副書記兼任，但「就目前來說，全國省級黨校校長由同級黨委書記兼任的已無一地。」基本上是由副書記或組織部長兼任。言外之意，劉雲山這個位置也應該換個人了。

官媒重提「刑不上常委」規矩已破

11 月 10 日、11 日，上海副市長艾寶俊、北京市委副書記呂錫文相繼被調查。至此，全國 31 省區市均有「老虎」落馬。

11 月 12 日，新華網轉載《人民日報》文章《31 省區市「打虎」全覆蓋也許只是開始》，稱所謂的「全覆蓋」絕不意味著「打虎」告一段落，恰恰證明「天涯無淨土」，反腐敗永遠在路上。文章還稱，下一步一些原先沒有被關注過的部門的「老虎」還將持續湧現。

文章強調「一把手」權力大、風險更大，將繼續嚴查「三類人」：18 大後不收斂、不收手的；問題線索反映集中、群眾反映強烈的；現在重要崗位且可能還要提拔使用的。

文章還重提「刑不上常委」的規矩已經被打破；「只要違紀涉腐的事實確鑿，不論是誰都難逃懲罰。」

專家分析，《黨校的「一把手」到底是誰？》文章完全不符合中共官方對領導人報導的原則和規定。這樣直接點出政治局常委劉雲山的名字，諷刺和羞辱味道明顯。這篇文章緊隨《31 省區市「打虎」全覆蓋也許只是開始》一文發表，是暗示劉雲山「權力風險更大」，是「刑不上常委」規矩被打破之後將要落馬的對象。

第九章

欲包裝習成毛左
被公開破除

劉雲山及其掌控的中共文宣系統一直試圖把習近平包裝成「當代毛澤東」。2015年9月，習近平訪美時，將以批毛出名的袁騰飛的書作爲國禮相送，有意與「毛左」切割，公開破除江派劉雲山的文宣抹黑。

自18大以來，劉雲山（後）管轄的文宣系統頻頻與習近平作對，不按照習的思路解讀其政策，反而刻意添亂。（Getty Images）

第一節

習公開破除江派
劉雲山文宣抹黑

習近平 2015 年 9 月訪美，做出一個前所未有的動作：向全世界公開推薦袁騰飛的書。袁騰飛以其反毛的觀點而出名。

現任中共政治局常委劉雲山控制的文宣系統，自 18 大後就以「毛左」的方式來包裝習近平，而且這些行為越演越烈。分析認為，海外出現的針對習近平的公開信，實際就是江澤民集團先利用文宣抹黑並在輿論上「綁架」，然後再實施攻擊習近平的手法。

習近平在美國送上袁騰飛的書

9 月 22 日，習近平訪美到達第一站西雅圖。第二天，他前往華盛頓州塔科馬市的林肯高中探訪。習不僅向林肯中學贈送了乒乓球桌、球具，還有若干本有關中國歷史和文化的讀物，除了有

《紅樓夢》、《唐詩》、《宋詞》等中國文化經典外，特別值得注意的是，還包括一本大陸歷史教師袁騰飛所寫的《這個歷史挺靠譜》。

此消息一出立即在網路炸鍋。

袁騰飛在大陸由於大膽披露中國近代史真相、批評毛澤東，而惹怒大陸「毛左」。左派代表人物黎陽、張宏良曾一唱一和地鼓動粉絲封殺袁騰飛。

美國之音曾報導說，袁騰飛成為爭議性新聞人物的時候，中國的騰訊網讓讀者選擇投票支持或者反對袁騰飛。這在相當大程度上是對毛澤東的投票，因為袁騰飛最有影響力也最有爭議的言論，最讓一些人解恨而又讓另一些人憤恨的言論，是批毛言論。調查結果是，支持袁騰飛的人數遙遙領先。

港媒對此分析，習近平推崇批毛的袁騰飛，意欲向外界表達，他不是毛澤東的傳人，也不會走毛澤東的老路。

時事評論員李林一分析說，習近平將袁騰飛的書作為國禮相送，或是特意安排的一個細節，背後有其深層的原因。

習近平被文宣系統包裝成「毛左」

自 18 大以來，中共現任政治局常委劉雲山管轄的文宣系統頻頻與習近平作對，在兩年多時間內，不按照習的思路解讀習的政策，反而幫倒忙式添亂。

據港媒報導，是曲意逢迎也好、是陰毒使壞「挖坑」也罷，掌控意識形態領域的劉雲山與文宣系統試圖把習近平包裝成「當代毛澤東」。

報導引用北京官場的話稱，劉雲山及其文宣系統的這一「形象塑造」工程，引發習陣營嫡系智囊的警惕和擔憂。

據悉，習近平陣營迅速作出戰略調整，將袁騰飛著作以國禮相送的事件，是習有意在與「毛左」切割。

2015 年 10 月 3 日，署名「紫荊來鴻」在海外刊文，文章引述接近習身邊智庫的知情者透露消息說，不少嚴重違背民意、脫離現實的做法，其實是中共宣傳部門自作主張搞出來的，變相讓習背黑鍋。

文章中，知情者舉例說，最顯著的例子就是解讀「中國夢」與「二十四字社會主義核心價值觀」，竟然是被大陸社會視為極左勢力一清、司馬平邦、劉加民、司馬南這些人，他們把這兩大理論扭曲，對其中所含的公平、自由、法治、民主進行歪曲、誣衊與侮辱。而宣傳部門主管對此視若無聞。

知情者稱，「習身邊有心腹智庫認為，中共宣傳部門對習近平的一些宣傳吹捧，已經超出了當代國人的接受程度，倒退到 40 年前毛時代的水準，方式方法、遣詞造句充斥溜鬚拍馬之味，在當今時代不但不起到效果，可能會適得其反。各種鋪天蓋地突出習近平的宣傳既無技術含量，也無實際內容。一些用詞造句直逼當年對毛澤東的吹捧。」

文章還說，中共（文宣）對網路輿論的控制也是十分落後愚昧，利用所謂「群眾」對言論稍微不合他們意的公知與網民進行圍攻、舉報，然後宣傳部門及時地在「群眾舉報下」對敢言者進行打擊報復。甚至創造發明讓「問題人士」未經審判就先在中共央視鏡頭下「認錯認罪」的嚴重違反法律的做法，受到中外法律界和社會各界的嚴重質疑和詬病。

汪東興喪禮規格微妙 習傳遞信號

事實上，在多個事件上，習近平陣營都在刻意淡化文宣所包裝出來的「毛左」印象。

2015 年 8 月 21 日，原中共中央副主席、中央顧問委員會委員汪東興在北京去世。

汪東興曾長期擔任中共中央警衛局局長，負責毛澤東的警衛安全，提起汪東興很自然會聯想到毛澤東。毛死後，1976 年 10 月，汪東興支持華國鋒、葉劍英拘捕「四人幫」的行動，帶領 8341 部隊抓捕「四人幫」全部成員，包括毛的妻子江青。

1977 年 8 月，汪東興出任中共第 11 屆政治局常委、中共黨中央副主席。隨著鄧小平復出並逐步掌權後，汪東興因一直堅持毛的說法而被邊緣化。

2015 年中共幾個元老先後去世，喬石（6 月 14 日）、萬里（7 月 15 日）、尉健行（8 月 7 日）。其中，萬里和喬石去世後，當局給予高規格訃告、相當正面的評價，並分別降半旗予以紀念。

與之相比，汪東興的喪禮規格顯得稍低。8 月 22 日，汪東興的靈堂在北京開放，當天前往弔唁汪東興者僅十餘人，亦無重要人物現身，甚至連其家屬下午也未到現場。

8 月 27 日，汪東興出殯，當晚的中共央視《新聞聯播》未播放現場送別的場面，官媒的文字報導中也未提及習近平等七常委參加儀式，只是播放了誰送的花圈。

28 日，有媒體分析說，七常委未出席大概是有著歷史因素的考量。

29 日，中共軍史作家、少將蔡長元之子蔡小心發微博稱，27

日的汪東興遺體告別會上，習近平等三個常委去了，但是習以私人名義出席，媒體不報導。

據海外媒體分析，習當局的用意非常明確，強烈地傳遞出「切割毛澤東」的信號。而習近平以個人名義對汪東興弔唁，是對家屬的安撫，都是情理之中的事。

習近平曬書單暗示非「毛左」

2015 年 10 月 14 日，中共官媒新華社發表題為「習近平：在文藝工作座談會上的講話」，這是一年前習近平的講話全文。在講話中，習近平相當正面地評價了中外 100 多位思想家和作家。

9 月 22 日，習近平訪美期間在西雅圖發表演講時，提及美國電影《西雅圖不眠夜》和電視劇《紙牌屋》，更回憶自己從年輕時就熟讀的美國名家和名著，亮出自己的美國書單。習近平尤其喜歡海明威的《老人與海》，他還表示喜歡了解華盛頓、林肯、羅斯福等美國政治家的生平和思想。

2014 年 2 月，習近平到訪俄羅斯時，在講演中顯示了對俄國文學的熟悉，列舉了普希金、萊蒙托夫、果戈理、屠格涅夫、托爾斯泰、陀思妥耶夫斯基和契訶夫等名家。

眾所周知的是，俄國文學受到全世界人民的崇敬，不單單是藝術水準高超，更因為有著響往人權自由和人道主義的內涵。

10 月 26 日，遼寧師範大學教授木然發表署名評論文章表示，習近平列出的書單，是在中共教育部禁止西方教材進入課堂的背景下列出來的，無論習的主觀如何考慮，在客觀上都是對左派的一個批評和反擊，因為讀世界名著「就是開通世界文明進入中國

通道的一種方式」。

一封針對習的公開信 港媒：江派所為

2015 年 9 月 20 日前後，一封署名「一群堅定的共產黨人」的公開信在海外互聯網突然被廣泛傳播。這封信不僅狂妄要求解除習的總書記職務，同時攻擊習近平是「保守、極左堡壘」。

3 月，習近平大學時期的論文答辯導師、清華大學孫立平教授曾公開表示，中國的發展前面橫著一堵牆，就是在過去十幾年形成的既得利益格局和權貴集團。有那堵牆橫在那裡，即使往左往右也繞不過這堵牆。過去這一年的舉措，特別是反腐敗，那堵牆出現了鬆動。

《前哨》文章分析說，孫教授所講的那堵牆，牆基就是頑強抗拒時代、不肯放棄權貴既得利益的總後台——老人黨江澤民。《前哨》並斷言，網上那封針對習近平的公開信就是江澤民一派所為。

文中指，習近平因應民情，對其「崇毛」形象所作的震撼性戰略轉移，其實都是為了促成孫教授所期待的「重大變化」，習可從來沒閒著，主攻的就是教授深惡痛絕的那堵牆。

時事評論員石久天說，劉雲山是江澤民的馬仔。這也是劉雲山文宣系統陰毒之處，一方面極力包裝習是「毛左」；另一方面，江澤民在海外散布公開信，又以「毛左」為由攻擊習。

提前兩個月公開預告的政變

2015 年 7 月 12、13 日，海外中文網站萬維等「接龍式」發

出政變預告：江澤民等或在習近平 9 月訪美期間發動政變。

該條據稱來自「上海接近江澤民療養地人士」的消息宣稱：江澤民等退休元老，可能在習近平 9 月訪美期間，聯合中共現任政治局和軍委成員，發動政變宣布習下台，擁立新的黨政軍領導人，把習近平變成泰國總理他信，「讓他不能回國，流亡海外。」

消息一出招致港媒訕笑：真是天大的奇聞。古今中外政變都是暗中策劃、突然發生的，哪有明目張膽、大聲張揚，兩個月前就宣稱要在何時發動政變？難道習甘願等待政敵不急不忙、施施然地前來政變，將其推翻？

有人認為這消息是出自習營，意在警告：你們的陰謀我們早已掌握。而港媒引用接近胡錦濤家族人士的消息稱：這分明是江澤民等不甘心失敗、惟恐習報復而發出的恫嚇。

據海外多家媒體報導，2015 年 3 月，江澤民、曾慶紅試圖聯繫中共退休高層，聯手罷免習近平，卻因為胡錦濤的回絕而功虧一簣。

「打虎」火勢逼近「終極老虎」

習近平自 18 大以來強力反腐，再加上其「紅二代」廣泛人脈，手中實權日漸穩固，上台後打掉 100 多隻省部級「老虎」，多為江澤民集團要員。目前，「打虎」火勢越來越逼近江澤民家族，而江澤民仍在拼死一博、垂死掙扎，但每次挑釁幾乎都遭到習陣營更強烈的還擊。

2015 年 1 月 3 日，江澤民夫婦、兒孫三代登上海南東山嶺，意涵「東山再起」的圖文由某微信公眾號首發，江當時挑釁說：「這麼好的風景名勝，海南要大力宣傳，北京也要大力宣傳，我

回北京也為你們宣傳宣傳，以後這山就人山人海了。」

江澤民有意選擇此山，意圖顯示自己的影響力未減，並公然給全國江系貪官撐腰打氣。

當天新浪、搜狐等門戶網站迅速轉載，和訊網、鳳凰網、騰訊網也都相繼轉載，但隨後遭到閃電刪除。到 3 日晚 11 點，該消息在大陸網站上全部消失，江的出遊照片也被刪除。

江澤民「露面」隔天，習近平陣營連揮兩拳。1 月 4 日，被外界稱為周永康心腹的海南省省長蔣定之被調回江蘇，擔任江蘇省人大副主任虛職；同一天，江澤民心腹、南京市委書記楊衛澤應聲倒地。1 月 8 日，習陣營再出拳，江澤民長子江綿恆被卸任中科院上海分院院長。

2015 年發生的另一件大事是習近平當局在 5 月 1 日開始實施的立案登記制（即有案必立、有訴必理），此後全球掀起「訴江」（控告江澤民）大潮。

據海外明慧網不完全統計，截至 11 月 10 日，已有超過 19 萬 5000 名大陸法輪功學員、家人、正義人士及海外法輪功學員，向中共最高檢察機構控告江澤民。

江澤民被控告，江系人馬害怕被清算，不斷從中阻撓。據了解，自 5 月至 8 月的 4 個月時間，在大陸 27 個省市自治區至少有 1000 多名控告江澤民的民眾遭到惡性騷擾，有的遭非法拘留、綁架、抄家、勒索。

《大紀元》獲悉，在中共政法系統內有一批還在維護江澤民的人，暗中推出一些措施來抵制習近平對司法系統的一些政策。目前，習近平正在清理這些人。在「五中全會」前出台的「妄議中央」，針對的就是這部分人。現在，習正在清除司法系統阻撓

控告江澤民的最後障礙。

8 月 10 日，《人民日報》發表評論員文章《辯證看待「人走茶涼」》，抨擊高層領導「退而不休」，仍到處安插「親信」，發揮的不是餘熱而是「餘權」，讓新領導「左右為難」、「正常工作難以開展」……外界一致認為針對的就是江澤民。

8 月 13 日，外界傳出五角場空軍政治學院教學樓外牆，江澤民的 20 字題詞：「政治合格、軍事過硬、作風優良、紀律嚴明、保障有力」，被工程人員逐字清除。

8 月 20 日，在大陸新浪微博搜索「訴江」，曾一度解禁了很多網民發布的關於「訴江」大潮的帖文，以及「全球公審江澤民」、「法辦江澤民」、「停止迫害法輪功」的橫幅圖片，還有法輪功學員在海外的盛大遊行照片。這些內容過去在大陸網上長期被封鎖，非常罕見。

8 月 21 日，中共中央黨校門外，置放多年的刻有江澤民題寫校名的巨石，突然被鑽車連根剷起，再用吊車移去校內。

2015 年「習馬會」前後，11 月 6 日，寧夏回族自治區政府副主席白雪山被調查；11 月 10 日，上海副市長艾寶俊被調查；隔天，11 月 11 日，北京市委副書記呂錫文被調查。6 天內，一直「無虎」的寧夏、上海、北京三省市區「首虎」密集落馬。至此，全國 31 省市區均有「老虎」落馬。這其中，最被外界關注的無疑是江澤民的老巢上海的「首虎」落馬。

為習壓陣 江澤民的對頭紛紛露面

2015 年 10 月 26 日到 29 日，中共 18 屆五中全會召開，一則

中共太子黨葉選寧高調露面的消息引發關注，葉在此期間舉辦為期 10 天的書法展。葉選寧曾力挺習近平上位，並一直看不上江澤民。

港媒認為，葉選寧這一次突然高調露面絕非偶然，相信習近平年底前會有「驚人之舉」的大動作。

五中全會前後，習近平的政治盟友胡錦濤、朱鎔基相繼登場。

胡錦濤於 10 月 20 日在福建省委書記尤權等人的陪同下，遊覽了福建武夷山風景區。此次露面恰逢習近平訪問英國的第二天，五中全會前夕。一些評論認為，胡錦濤現身有支持習近平之意。

在五中全會召開期間，陸媒報導了江澤民的對頭之一朱鎔基，出現在母校清華大學的消息。耐人尋味的是，該篇新聞還報導了清華校友習近平、胡錦濤與清華大學的一些事，同時，溫家寶、李克強與其母校的一些互動也出現在報導中。在陸媒的這篇報導中，同時出現了多位同一陣營的首腦人物習近平、胡錦濤、朱鎔基、溫家寶和李克強。

「紫荊來鴻」在文章中透露說：習絕不是一個甘於隨波逐流，受制於「環境」的人；所以，「未來只要條件成熟，或條件許可，習近平很可能會有驚人之舉。」

第二節

遭劉雲山嫉恨
王滬寧書單蹊蹺被刪

　　號稱「三代帝師」、「中南海不倒翁智囊」的王滬寧，曾經幫江澤民提出過「三代表理論」，又幫胡錦濤提出過「科學發展觀」，而如今習近平提出的「中國夢」，據說也有王滬寧的「貢獻」。這樣一個「三朝元老」，按理說順風順水，沒想到卻遭遇劉雲山掌控的中宣部「封殺」。蹊蹺的是，封殺的不是他的新作，而是以往出版過的書籍清單。

一篇「王滬寧出過哪些政治書」的報導

　　2015 年 11 月 27 日，大陸無界新聞發表報導，列出中南海「智囊」王滬寧出過哪些「政治書」。

　　文章表示，中央政治局委員、中央政策研究室主任、中央全

面深化改革領導小組祕書長兼辦公室主任王滬寧，是中共現任級別最高的「學者型官員」，也曾是中國最年輕的副教授。這20年裡，他擔任中南海最高層的智囊。

文章說，生於1955年10月6日的王滬寧，剛過完其60歲生日。「和李克強總理一樣，今年都是本命年。……王滬寧籍貫山東萊州，這裡以前叫做掖縣。這個地方出了很多名人，除了王滬寧，還有商界的『海爾』張瑞敏、『華遠』任志強，『飛天金鷹雙獎得主』鮑國安等等。」但王滬寧出生在上海。愛學、愛讀，是許多文章關於王滬寧的描述。1971年，16歲的他初中畢業，因體弱多病，沒有上山下鄉，留在家裡繼續自學。1972年，王滬寧前往上海師範大學幹校外語培訓班學習，直至1977年成為上海市出版局幹部。

1978年，王滬寧考上復旦大學國際政治系國際政治專業研究生。他是改革開放後第一代政治學研究生。1981年畢業留校，任國際政治系教師。4年後的1985年，年僅30歲的他破格晉升副教授，成為當時全國最年輕的副教授，並因此聞名學界。

在復旦，從學生到法學院院長，王滬寧度過了17年時光。1995年進入中央政策研究室，負責起草黨代會中共中央委員會工作報告以及中共中央高層重要講話等，被學界形象為「中共核心智囊」。

文章還概況介紹了王滬寧的部分政治書籍。如出版於1987年5月的《比較政治分析》，被認為是王滬寧最具代表的作品，當時他僅32歲。

1988年，王滬寧到美國愛荷華大學、加州大學伯克利分校擔任訪問學者。期間他走訪了三十餘座城市和近二十所大學，並在

數十個政府和私人部門做了調查。最終完成了《美國反對美國》一書。

這本書中，王滬寧細緻描寫了美國總統的就職儀式，並闡述了自己的看法：「政治規矩和政治傳統之所以有作用，在於它們能保護統治階級內部不同團體之間的權力關係。」「任何政治體制，最根本的問題之一是如何進行權力交替。這個問題不解決，社會就難以有一個持續的穩定的政治秩序。」

1994 年王滬寧擔任復旦法學院院長期間發表了《政治的邏輯》；而 1995 年 1 月出版的《政治的人生》，是王滬寧的「日記書」。

王滬寧至少出版過兩本「反腐專著」：1990 年的《腐敗和反腐敗——當代國外腐敗問題研究》和《反腐敗：中國的試驗》。

學法語的王滬寧，還參與翻譯了法國重要思想家雷蒙‧阿隆的作品《社會學主要思潮》，阿隆分章對比研究了孟德斯鳩、孔德、馬克思等社會學家的思想及著作，被譽為社會學史經典之作。

王滬寧還編譯了《從《理想國》到《代議制政府》西方政治學名著釋評》，這本書囊括了柏拉圖的《理想國》、亞里士多德的《政治學》、托馬斯‧莫爾的《烏托邦》、讓‧雅克‧盧梭的《論人類不平等的起源和基礎》、托馬斯‧潘恩的《常識》、黑格爾的《法哲學原理》等經典著作的釋評。有人說，習近平 2015 年 9 月訪美時談到的《常識》等書，就與王滬寧的推薦有關。

無界新聞網的文章還說，王滬寧也愛看「武俠」小說，特別對金庸的《射雕英雄傳》評價很高，稱「如何突發異想，把本來的平平淡淡，看得異軍突起，這樣才能有創造性。據說，有的大科學家在訓練學生時，首先要他們看武俠小說。」

刪書籍清單報導 劉雲山封殺民主政治思想

按照常理，王滬寧作為中共政治局委員，習近平的深改小組辦公室主任，在中共官場裡「位高權重」，一篇介紹他已經公開出版哪些書籍的文章，沒有任何祕密或敏感點可言；然而，不但在無界新聞網被刪，連財新網在內的其他大陸網站的轉載也大多被刪除。不難看出，這是網站主管得到上級指示後的統一刪除活動。

主管宣傳口的劉雲山，為何要「封殺」王滬寧呢？

我們可從兩方面來分析：一是從他寫的書籍內容入手，二是從王滬寧這個人的變化入手。

從王滬寧寫的書來看，不少是學習分析了西方的民主體制，王滬寧有幾個觀點廣為人知，如「推行政治體制改革和推進民主政治，必須有統一和穩定的政治領導」、「以黨內民主帶動和推進全社會的民主」。如今習近平大權在握，成了「統一穩定的政治領導」，這時中共是否應該「推行政治體制改革」了呢？是否應該推進民主政治了呢？至少，應該在中共黨內搞民主，以帶動全社會的民主。

這些觀點與人們分析的「習近平可能走上蔣經國道路」有很多融合之處，深化改革，不光是經濟改革，更要有政治改革，這正是江澤民等既得利益集團最不願看到的。從這個角度看，以極左著稱的劉雲山，當然不希望人們看到王滬寧的這些書單。

2015 年 4 月，習近平力推的「一帶一路」領導小組的「一正四副」名單公布：國務院副總理張高麗擔任小組組長，四名副組長分別為中共中央政策研究室主任王滬寧、國務院副總理汪洋、國務委員楊晶和國務委員楊潔篪。

當時韓媒《中央日報》報導，有預測稱，在兩年後舉行的第19屆黨代會上，王滬寧將可能會取代現在掌管宣傳和意識形態的劉雲山，進入中共政治局常委。

人們發現，習近平出訪或視察，經常出現在其身邊的「左膀右臂」就是栗戰書和王滬寧。很多分析認為，王滬寧19大替代劉雲山進入政治局常委，這是很靠譜的事。也許是出於嫉恨，劉雲山封殺王滬寧，也就不奇怪了。

不過，此外還有更深層的原因。

「去江化」 為「倒江」作程序鋪墊

2015年9月，中共中央黨校大門口的江澤民題字石被移走一事，被外界普遍認為是黨內「去江化」的標誌性事件，一度在海內外引起強烈輿論關注，但針對前黨魁江澤民的「去除新動向」，早已有行動可循。

2015年「七一」前夕，任中共政治局委員及中央政策研究室主任的王滬寧，在中央書記處會議上，以及在中共中央部委辦負責人會議等場合，均特別提出：黨內習慣把江澤民擔任總書記時期稱為第三代領導核心，把胡錦濤擔任總書記時期稱為第四代領導核心，這樣不科學、不符合實際，形而上把兩屆任期定為一代，接著就會產生政治上、方針上、政策上一系列的問題。

他還強調，在今後黨的文件上、黨史上都要作出必要的糾正，不能含糊。

據說這並非王滬寧第一次傳出否定江澤民的言論。據《爭鳴》雜誌2015年8月刊文報導，2015年7月上旬，在中共中央政治

局組織生活會上，王滬寧因迫於形勢和黨內舉報的壓力，在王岐山親自找其談話後，於會上作了自我反思和檢討，承認錯誤，請求辭職。

報導說，王滬寧除了承認自己有斂財、貪色及洩密等「錯誤」，還承認當年是「違心」與曾慶紅推出「三個代表」理論，並錯誤參與進行大樹特樹等等。

時政評論人士唐靖遠指出，王滬寧被外界稱為自胡喬木以來官階最高的所謂黨內「理論家」，這樣的一個人在多個高級別會議上公開質疑江澤民「第三代核心」地位，顯然不是一個孤立的個人行為，應當是現任最高當局一種政治意圖的體現。

這個意圖，很可能是要為最終「倒江」作必要的程序鋪墊。換言之，這是對江澤民全面重新評價、定位的開始。

2014 年《動向》雜誌 10 月號曾刊文披露，在 9 月 28 日的政治局生活座談會上，胡錦濤曾經嚴詞批評江澤民違背了 5 項原則干政，使得相關工作受到無形壓力和巨大干擾。他列出江澤民從 2003 年至 2012 年向中共政治局提出的「建議」、「意見」多達 400 多條；提名中共中央至地方省級領導人選 170 多名；因為江澤民的「看法」、「意見」，造成擱置的政策和決議等多達 155 項。胡錦濤在會上還提議習近平本著求真務實立場，對江澤民作全面評價。

2015 年 5 月，中共國防大學教授馬駿在一次演講中語出驚人：「現在習近平出來，可謂恰逢其時！他是真正的第三代領導核心。」馬駿此話等於把江澤民踢走了，馬駿的軍方身分，使他的話比較有分量，也許是高層直接授意所為。

劉雲山將成為「周永康第二」

作為江澤民派系的主要人馬,劉雲山反對改革的態度,可從他出訪北韓傳回的照片相印證。原本習近平要派國家副主席李源潮去北韓,卻被金正恩拒絕,後來出訪的是劉雲山。

2015 年 10 月 9 日,劉雲山帶隊出席北韓勞動黨成立 70 周年活動,並對北韓進行訪問。10 月 10 日,劉雲山與北韓領導人金正恩在閱兵儀式上「手牽手」亮相。

港媒的文章對此評論說,在閱兵主席台上,劉雲山和金正恩不時交流對話,時而向台下揮手,時而笑容滿面,這不禁讓人想起周永康當年也有驚人一致的如此「風采」,同樣的地點,同樣的神態,可說是歷史再現。

文章表示,冥冥中,就讓人禁不住想劉雲山和周永康會殊途同歸。有趣的是,看到這場景有類似聯想的人大有人在。看來放倒劉雲山,還是有相當民意基礎的。

文章進一步表示,徐才厚、郭伯雄等「槍桿子」倒了幾個,周永康這個「刀把子」也落馬了,現在也該輪到一個「筆桿子」了吧!

值得關注的是,在隨同劉雲山此次出訪北韓的官員中,有一名習近平在福建時的舊部、現任中央外辦常務副主任宋濤。

有分析認為,宋濤隨劉雲山一同訪朝,大陸官方媒體報導都稱「罕見陪同政治局常委出訪」,這已經點名了宋濤的隨訪不僅僅是外交任務,更多的作用是對劉雲山起到一種「監軍」的作用,防止劉雲山不守「政治規矩」。

中國大變局將至

王滬寧曾提出，「在經濟發展達到一定水準之後，這些潛在的衝突萌芽就會生長出來，引起政治不穩」，並補充說，「當社會發展到這一步時，政治方面的改革就勢在必行了。」

王滬寧提到的「政治不穩」，如今在大陸已經表現得相當明顯，連中共高層也多次提到「亡黨危機」。近幾年來，習近平、王岐山亦多次提到「亡黨危機」。

一段時日以來，中南海高層包括習近平本人屢有破格之舉，發出了很多與以前不一樣的信號，引起各方關注。同時，中共體制內學者接連公開預警中國將有「大變局」發生。

第三節

中宣部搞對抗
低調紀念胡耀邦

2015 年 11 月 20 日是中共前總書記胡耀邦誕辰 100 周年，習近平當局高調舉行紀念活動，人民大會堂舉行的座談會上，7 常委全部出席，習還發表長篇講話，高度評價胡的一生。然而劉雲山、劉奇葆掌控的中共中宣部對這次活動刻意低調處理，暗中抵制習。

習近平高規格紀念胡耀邦 中宣部暗中抵制

習近平在講話中說，紀念胡耀邦，是要學習他堅守信仰、獻身理想的高尚品格；學習他實事求是、勇於開拓的探索精神；要學習他公道正派、廉潔自律的崇高風範。習稱胡的一生是「光輝的一生，戰鬥的一生」。

據海外報導，中南海消息人士透露，這次紀念胡耀邦誕辰100周年活動，是習近平親自發話定調的，他不但要求全體政治局常委參加，還親自發表長達30分鐘的講話。比較10年前紀念胡耀邦誕辰90周年座談會，不但規格高多了，而且習講話對胡的評價，也與10年前有諸多不同。

消息人士指，中辦主任栗戰書專門通知湖南省方面，暗示湖南紀念活動「可以搞隆重一點」。但中共新華社、《人民日報》、中央電視台當天上午對這個重要活動「完全沒有反應」，甚至隻字不提。

「新華社等喉舌對這次紀念活動是刻意低調。」中南海知情人士表示，官媒除了刊發會議報導和習近平講話，其他再無配套宣傳；與之相對的是，座談會現場氣氛很熱烈，反響非常正面；「但喉舌媒體那裡，完全沒有反應」。

據報導，原因就是因為劉奇葆掌管的中宣部下了指令，禁止媒體自行報導這次活動，有關媒體要嚴格按照「中央既定的規格，由新華社發稿」，統一報導。完全無視習近平的有關安排，使這次紀念活動淪為一般意義的活動，完全不是習近平的設想要求。

報導稱，習的良苦用心遭到劉奇葆掌控下的中宣部抵制，習對此怒而不言。

當晚央視的《新聞聯播》第一條，是口播習近平結束外訪後返回北京；第二條才是當局舉行紀念胡耀邦誕辰100周年座談會，而且官方通稿新華社在晚上7點40分之後才發出消息。2014年8月，當局舉行紀念鄧小平誕辰110周年座談會時，官方新聞通稿在下午4點多即出爐。

「政知局」的報導還列出一個細節：大陸各大報紙上，除了《胡

耀邦文選》的消息外，其餘關於胡耀邦誕辰的相關報導並不多。

但「政知局」的這篇文章在微信上被快速刪除。

胡耀邦：人民一旦知曉中共歷史 會推翻它

胡耀邦在中共黨內高層算是難得的敢於講真話的人。據知名歷史學家辛灝年在 2015 年 9 月的演講中披露，胡耀邦在 1979 年的一次報告中說：「一旦人民知道了中共的歷史，就要起來推翻它。」

2015 年 9 月，辛灝年為世界反法西斯戰爭勝利 70 周年暨紀念抗戰勝利展開全球巡迴演講，揭露中共「不打日軍，專打敵後國軍」的史實。

辛灝年在演講中表示，沒有中共在抗日戰爭中的負面戰場，就沒有 1945 年以後的國共內戰，也就沒有 1949 年大陸的淪陷，就沒有之後數億大陸人民慘遭中共蹂躪、滴血在自己的土地上。

他還說，8000 萬無辜人民的鮮血證明了 1949 年以後中共在大陸建立的這個政權，它不僅在歷史上不具有合法性，在現實上也同樣不具有合法性；它證明了 1945 年那一場抗日戰爭當中，中共不但不是中流砥柱，而是中華民族土地上一個最大的漢奸軍事集團，所以它完全沒有權力的合法性。

辛灝年在悉尼演講中說，讓人民知道抗戰和內戰的歷史真相非常重要。人民只有了解了歷史，才能了解中共現政權的來龍去脈，才能了解到它在歷史上是一個出賣中華民族、顛覆中華民國、破壞抗戰的政黨，這個政黨不具有在中國進行統治的合法性。

辛灝年在演講中談到了中共前總書記胡耀邦的一件相關往事。

那是 1979 年 2 月，胡耀邦在中央禮堂作報告，辛灝年也在場。辛灝年說，胡耀邦演講時在台上走來走去，拍桌子、打板凳，他感到非常激動。胡耀邦講話中說，要是讓人民知道了中共的歷史，人民就要起來推翻它。

辛灝年說，那時候他討厭共產黨，但對共產黨的歷史還完全不了解。當時他不夠理解胡耀邦這句話，現在理解了。今天，人民知道了中共的歷史，或者開始知道了。

辛灝年表示，中共這些欺騙了中國幾代人的所謂現代史，今天我們要揭穿它，把真實的歷史放在桌子上，這個撒謊的黨讓人民遭受了無限的痛苦。當人民在現實中的覺醒已經非常普及的時候，再讓人民完成理性的覺醒，人民就會要來推翻中共。

2004 年底《大紀元》發表的系列社論《九評共產黨》，依據的都是中共官方資料記載的內容，真實揭示了中共的邪惡本質和歷史罪惡，引發了大陸民眾洶湧的退黨大潮。截至 2016 年 6 月 8 日，在《大紀元》網站聲明退出中共黨、團、隊組織的人數將近 2.4 億人。

百年誕辰日 外界關注胡耀邦推動改革

此外，習近平在胡耀邦 100 周年誕辰日紀念座談會上，高度評價胡耀邦平反冤假錯案、推動改革等。官媒高調報導了習近平的相關講話。

當局還舉行了系列高規格紀念活動，如《胡耀邦畫冊》在當日出版發行；當日晚間起，5 集電視紀錄片《胡耀邦》在央視綜合頻道播出；《胡耀邦文選》此前已經上市。

之前，官媒連續刊發紀念胡耀邦的相關文章。

中共黨史月刊《世紀風采》刊登署名陳立旭題為《胡耀邦在中宣部》一文。文章披露，大陸各種報刊都將「文化大革命」打上引號，而這是胡耀邦當年定下來的。胡耀邦一個標點符號就徹底否定了「文革」，還「文化大革命」歷史本來面目。

11 月 16 日，大陸《新京報》時政公號「政事兒」發表文章，重提胡耀邦當年大力反腐，並曾下令查一國級高官住所的舊事。

此前官媒曾報導，胡耀邦在中共 12 屆六中全會通過了由他主持起草的《中共中央關於社會主義精神文明建設指導方針的決議》中，摒棄中共此前一直提的「共產主義思想」。

胡耀邦逝世引發「六四」民主運動

胡耀邦在中共黨內以思想開明著稱，1982 年任中共總書記，主導中國 80 年代改革進程。

1987 年，鄧小平等中共大佬以「反自由化」不力等罪名逼迫胡耀邦辭職下台。

1989 年 4 月 8 日中共政治局會議上，胡耀邦心臟病突發，一星期後的 4 月 15 日去世，終年 74 歲。

胡耀邦的猝死引發民眾大規模悼念活動。天安門廣場的悼念胡耀邦活動迅速演變成中國歷史上最大規模的民主運動。1989 年 6 月 4 日，天安門廣場的民主運動遭到中共軍隊的血腥鎮壓，震驚中外，史稱「六四」大屠殺。

2014 年第一 4 期《炎黃春秋》發表作者張顯揚題為《人本思想和黨文化的分歧》一文。作者表示，人們只認為胡耀邦是中共

黨員，在其去世後發現，他原來還是一位人本思想者。他力圖把
共產黨官員和人本思想者兩種身分統一起來，但每當兩種身分發
生矛盾時，他非常為難和痛苦，陷入了「道德衝突」：黨命不可違，
人心更不可違。他左右為難，進退維谷，為了踐行他的人本思想，
他不惜扮演悲壯的殉難者角色。

劉雲山參與三大政變

第十章

習突開黨校大會
劉雲山靠邊站

2015 年 12 月，習近平當局突然召開中共 18 大以來的首次全國黨校工作會議，並強調要實現「中國夢」，關鍵是組建一支「鐵一般紀律、鐵一般擔當的幹部隊伍」。顯示由劉雲山主管的中共中央黨校與習近平當局不同調，劉雲山前景不妙。

劉雲山主管的黨校不遵守當局的「紀律」，與習近平當局「不同調」，召開會議是為了問責劉雲山。（新紀元合成圖）

第一節

習近平突然開黨校大會
劉雲山恐不妙

2015 年 12 月，本應該召開中共中央經濟工作會議的時間，習近平當局卻突然改開由中共七常委參加、中共 18 大以來的首次全國黨校工作會議，並要求組建一支「守紀律」的官員隊伍。

分析認為，這顯示江派常委劉雲山主管的中共中央黨校不遵守當局的「紀律」，與習當局不同調。主管中共文宣系統的「筆桿子」已成為習近平當局改革的最大阻力，從劉雲山手中奪過「筆桿子」就成為當務之急。

中央經濟會議創最遲召開紀錄

按以往慣例，一年一度、定調隔年宏觀經濟政策的中共中央經濟工作會議，應該在年底召開。2014 年的中央經濟工作會議是

12 月 9 日至 11 日召開，2013 年是 12 月 10 日至 13 日召開。

同時，9 號線軍事博物館站西南口（H 口）從 2015 年 12 月 10 日首班車起至 12 月 13 日被臨時封閉。因臨時被封閉的 H 地鐵口，旁邊緊挨著京西賓館，京西賓館是中共高層召開會議的主要場所之一，2014 年召開中央經濟工作會議期間，該出口也曾被臨時關閉。

綜上述兩點，港媒、陸媒猜測中共中央經濟工作會議應該在 10 日到 13 日召開是大概率事件。

然而 2015 年 12 月 11 日至 12 日，習近平、李克強等政治局七常委出席了在北京召開的全國黨校工作會議，習近平還發表了重要講話。

港媒分析，即將召開的中央經濟工作會議，由於習近平、李克強的外事活動日程滿滿而傳出種種變數。中央經濟工作會議最後推遲到 12 月 18 日召開，是 20 年來最遲的一次。

習要求組建守「紀律」的官員隊伍

在中央黨校會議上，除習近平、李克強等政治局七常委出席會議外，還有部分中共中央政治局委員、中央書記處書記出席了會議。同時，天津、浙江、湖南、貴州、陝西、新疆等 6 個地方高層也在會上發言。

習近平在會上強調，要實現「中國夢」，關鍵是建一支「鐵一般紀律、鐵一般擔當的幹部隊伍」等。

這是中共 18 大以來首次的全國黨校工作會議。

中共媒體報導此新聞時，多強調這是一場「重要會議」、「18

大後首次」、「首次權威解讀」予以報導。

筆桿子劉雲山已成習改革最大阻力

時政評論員夏小強做了如下分析，按照慣例，本應該召開中共中央經濟工作會議的時間，習近平當局卻改開全國黨校工作會議，顯示黨校工作會議是習近平當局當前要解決的最重要議題。

習近平在會上強調要組建一支守「紀律」、能「擔當」的官員隊伍，並要求「黨校姓黨」等，這種提法比較嚴厲，其潛台詞是，劉雲山主管的黨校不遵守當局的「紀律」，與習近平當局「不同調」，問責劉雲山負責的黨校系統。

習近平陣營經過兩年對江派人馬的清洗，現已基本解決江派人馬把持「槍桿子」的情況下，作為主管中共文宣系統的「筆桿子」已成為習近平當局改革、反腐的最大阻力，因此，從劉雲山手中奪過「筆桿子」就成為當務之急。

夏小強說，2015年底習近平召開針對黨校的重要會議，就是為劉雲山量身打造的，這使得劉雲山作為現任政治局常委，來實踐官員「能上能下」新規的可能性大大增加。隨著2016年的到來，習近平正在把劉雲山關進虎籠的可能性越來越大。

政治局大戰 栗戰書要劉雲山交代政變關係

2015年12月底，中共中央政治局連續兩天召開「專題民主生活會」。據港媒報導，當天會議場面「火爆」，中辦主任栗戰書、中組部部長趙樂際先後批評劉雲山玩弄政治手腕，抵制中央

政策，其一直未有交代與周永康、徐才厚、郭伯雄、令計劃之間的極不正常關係。

會議從 12 月 28 日開到 29 日，在這個「專題民主生活會」上，參會的中央政治局官員逐個發言，按照要求「聯繫周永康、薄熙來、徐才厚、郭伯雄、令計劃等人案件的深刻教訓」，開展了「批評和自我批評」。

據港媒《動向》雜誌 2016 年一、二月號報導，開會範圍明顯指向政治局、政治局常委會中「帶病晉升」的江澤民派系。會議期間有「火爆」場面。

報導稱，栗戰書、趙樂際先後直指劉雲山至今玩弄政治手腕，在政治方向上、在落實重大決策布署上、在對分管方面的管理上、在遵守規矩準則上、在對自己在中宣部、中央書記處擔任職務上的問題、錯誤、瀆職等未有正確對待，對和周永康、徐才厚、郭伯雄、令計劃之間極不正常關係至今未有作出交代、檢查。

報導說，中央政策研究室主任王滬寧披露：「劉雲山在政治組織上、思想建設上搞鬼」，以各種幌子抵制中央重大決策的執行和落實。劉雲山被批評「支持、贊成黨內高級幹部反對公開公示個人、配偶及子女的經濟收入、財產來源」，給中央決策壓力。

第二節

習近平一天視察三官媒
劉雲山成配角

　　據大陸官媒報導，2016 年 2 月 19 日，習近平先後到中共三大媒體人民日報社、新華社和央視調研。其主要活動包括看望採編人員、藉由媒體發出元宵節問候等。海外時政評論人士周曉輝認為，習近平在此時踏足一直由劉雲山掌控的文宣領域，釋放了兩大信號。

增強文宣領域的看齊意識

　　第一大信號是突顯習近平要加強對文宣領域的掌控，增強其看齊意識。

　　習近平上台後，雖然擔任多個中央改革領導小組組長，但中央宣傳思想工作領導小組組長卻由一直掌管文宣的江派劉雲山擔

任。三年多來，劉雲山或是明目張膽、或是陽奉陰違，多次利用宣傳口針對習近平進行攪局，混淆視聽。

習陣營也曾採取多方行動，如專項審查人民日報、新華社等，派信任之人卡位宣傳系統，抓捕文宣系統中劉雲山的馬仔，敲打劉等，但劉表面收斂，實則仍在伺機攪局。2016 年「佯頌陰損」的春晚被分析認為就是劉在背後主導的又一次行動。

顯然，任由劉雲山一而再的攪局，對於北京當局打造「習核心」，深入改革是不利的。很多人業已注意到了，近兩個月來，「四個意識」以及「習核心」正成為新的政治熱詞，更有 24 省大員紛紛表態要向習近平看齊，要維護「習核心」。

2 月 17 日，有習陣營背景的微信公眾號「學習小組」還專門解讀了「核心意識和看齊意識」的深意，稱「當今中國治理和中共執政的複雜性和艱鉅性，世所罕見」，惟有「看齊」才能避免分裂、不團結等政治隱患、危機之源，而且變革中國「需要有打破體制內既得利益集團的權威」。

無疑，在增強看齊意識上，文宣領域也不能例外，此前官媒釋放的自相矛盾的說辭，正是中共內部分裂的信號。是以，習近平高調、密集調研三大官媒，就是在向這些媒體傳遞明確的信號，究竟要向誰看齊。其在隨後召開的新聞輿論座談會上談及的新聞輿論正確導向問題，與此相關。

突顯劉雲山權力被弱化

第二大信號是突顯劉雲山權力弱化，成為配角，而這三大官媒的負責人、編輯記者們應該讀懂了。

在習近平調研三大官媒時，主管文宣的劉雲山等陪伴左右，但奇怪的是，在新華社最初發布的新聞中，未提劉雲山等人的名字，通篇都是習近平調研時的情況；雖然在隨後央視、人民日報社的報導中，劉雲山的名字被提及，但顯然只是起陪襯作用。

這樣不同尋常用意應該只有一個，那就是突出習近平，弱化劉雲山等人。而在官媒公布的習近平調研的幾張照片，焦點也都是習近平，尤其是在央視新聞聯播演播室的一張照片上，習坐在中央位置，劉雲山等環立左右，更能說明問題。

這樣的行文、這樣的照片傳遞給官媒、尤其是劉的馬仔們的意思實在是再明顯不過了，那就是劉的權力已經被弱化，要明白究竟要向誰看齊。

這也就難怪央視在習調研時打出的標語中有「絕對忠誠」、「請您檢閱」字樣。

事實上，早前就有劉雲山權力被弱化的信號出現。2015 年 8 月，有報導稱，中共中央批准建立「中央黨內法規工作聯席會議制度」，中央書記處書記、中央辦公廳主任栗戰書主持第一次聯席會議並講話。這顯然打破了中共黨內常規，因為栗戰書扮演了劉雲山本該扮演的角色，這似乎在暗示劉的權力被有意架空。

此外，2015 年江澤民題寫的「中共中央黨校」的石碑被從校門口移到了校內，而身為黨校校長的劉雲山卻無力或無法阻止，這也很能說明問題。

不過，應該說，此前對於劉雲山權力被弱化的信號尚不明顯，因此幾大官媒報導雜音不絕也毫不奇怪。而今，習近平前所未有的密集調研媒體所傳遞的信號，或許讓三大官媒真正明白了該如何向習看齊，而習此舉同樣也是對劉雲山的一個公開警告。

第三節

劉拉海歸女站台
習批共青團高位截癱

遭習近平痛批「高位截癱」的共青團系統，儘管曾聲稱全面改革，卻未有具體動作。不過 2016 年 2 月上海共青團卻高調報導「海歸美女」兼職共青團官員。

共青團近年負面消息不斷，此前多個落馬高官均已投靠江派。

共青團上海現「美女救場」

據港媒報導，共青團早前喊出改革口號，但一直未見具體動作。2016 年 3 月 7 日，參加全國政協共青團組討論會的團中央書記處常務書記、全國青聯主席賀軍科在接受採訪時表示，共青團改革現在正在討論方案階段，尚未最終確定，暫無具體的措施。

報導說，全國政協共青團組討論會 7 日也全程無提及改革問

題。同屬全國政協共青團組的中國青年政治學院黨委書記倪邦文和《中國青年報》前總編輯陳小川，則分別以「在學校工作」和「我是媒體人」為由表示並不清楚改革事項。

《明報》此前曾援引京城消息透露，習近平2015年7月在「中央黨的群團工作會議」上嚴批共青團處於「高位截癱（頸部以下癱瘓）」狀態，指其多年來「官僚化」，省市委以下團組織基本不起作用，令中共在青年中的影響力跌至最低點。之後，共青團中央不得不喊出「全面深化改革創新」的口號回應。

操縱共青團組織屬於中共所謂「群團工作」範疇，政治局常委中，專責黨務的劉雲山是「群團工作」大總管。

上海共青團似乎有些「改革」動作，並打出「美女」為招牌。大陸媒體2月29日報導，上海共青團出現一批掛職、兼職副書記，其中被陸媒稱作「海歸美女」的史逸嬋1987年出生，不到30歲，兼職上海市團委副書記。此消息引起大陸網民熱議，紛紛猜測其後台。

微信公號「長安街知事」披露，史逸嬋在2014年7月任職「白領驛家」時，曾向來上海「考察」的劉雲山作報告。

負面消息不斷 傳習擊破其幻想

近兩年來，伴隨中共意識形態潰散，共青團工作也日益引發強烈爭議，其招募的「青年網路文明志願者」——五毛大軍備受詬病，而共青團自身也頻頻爆出危機消息。

2015年9月22日，共青團中央重提所謂「要做共產主義接班人」的口號，遭到大陸地產界知名人士任志強的公開反駁。任

志強在微博稱「自己被這句口號騙了十幾年」，隨後發生輿論左右混戰。

2015 年 10 月 9 日，中共黨報發表署名「團中央書記處」的文章，文章罕有提到，共青團「可能失去組織存在的價值」。

據中紀委網站 2016 年 2 月 4 日通報，中央第二巡視組 2 月 2 日向團中央反饋巡視結果稱，團中央涉及「機關化、行政化、貴族化、娛樂化」，及執行幹部選拔任用制度規定不嚴等問題。

海外媒體 2 月 15 日援引消息人士的話，稱習近平要求共青團官員「可以職業化、正規化」，還告誡說：「不要老想著升官，也不要幻想做接班人。」該人士表示，這是習有意凍結共青團官員接班的老規矩。

報導稱，習近平認為共青團出身的官員「缺乏幹實事的真本領」，也一直「看不上」團派。

「團系」官員被揭投靠江派

《北京日報》微信公號「長安街知事」2 月 9 日發文《出身團系的這些高官暴露了問題》，點名中共廣州前市委書記萬慶良、內蒙古自治區前常務副主席潘逸陽、南寧前市委書記余遠輝、河北省委組織部長梁濱、「宗教首虎」張樂斌等多個落馬團系官員，指許多團系官員很年輕就被「火箭式提拔」，並報導他們善於鑽營的發跡內幕。

眾所周知，中南海江派和團派，近年交錯複雜，團系人馬多有轉向投靠江派。從習近平上台反腐後官員落馬曝光的形勢顯示，江澤民實際上成為中共貪官陣營的總後台。

其中，萬慶良是江澤民親信李長春和張德江組建的江派「廣東幫」重要代表；潘逸陽被認為是江派前常委吳官正的親信；河北原省委常委、組織部長梁濱，則被港媒曝其後台涉及江派前常委賈慶林。中共宗教局副局長張樂斌和南寧原書記余遠輝的後台則是令計劃。

據稱有中共軍方背景的《環球新聞時訊》雜誌文章指，被外界一直指為團派大佬的令計劃，其實和周永康、徐才厚、薄熙來、郭伯雄、蘇榮等大老虎一樣，都依附著一個共同的「老闆」——江澤民。

第四節

無界新聞網事件發酵
劉雲山兒子捲入

新疆書記張春賢手下的無界新聞網轉發要求習近平辭職的公開信，攪動中南海的渾水。（Getty Images）

公開信涉嫌政變 企圖向習發難

中共「兩會」期間，新疆自治區政府主管的無界新聞網 2016 年 3 月 4 日突然轉發一封要求習近平辭職的公開信。

有海外中文媒體 3 月 19 日報導，一名參與公開信事件調查的人士披露，迄今為止未能查明這封公開信的來龍去脈，但北京當局已經傾向懷疑公開信後面有政治勢力操控，「可能幕後是一個巨大陰謀」。

一名熟悉該事件內情的人士透露，習近平的一些親信已經開始擔心，這封信意味針對習近平的一場政變實際上已經在醞釀之中，雖然各勢力之間未必有事先約好的一致行動計畫，但各種勢力明顯有借助糟糕的經濟形勢、北戴河即將討論籌備中共 19 大

等這些機會，趁勢向習近平發難。

　　另據海外中文媒體報導，有參與中共「兩會」的消息人士透露，本屆「兩會」期間異象百出，尤其是新疆書記張春賢手下的無界新聞網轉發海外所謂「忠誠的共產黨員要求習近平辭去中共總書記、國家主席」的公開信，更攪動中南海的渾水。中辦指令有關部門成立專案調查，其調查的方向和目的已不是信的本身和如何被轉貼到無界新聞網，而是調查背後有沒有政治陰謀和企圖。

　　報導說，調查的方向亦不僅是所謂網站工作人員、駭客之類，而是直指中共現任高層、各派系和利益集團代表等。

　　消息人士透露，習近平上台三年來強力反腐及改編軍隊等，得罪了中共黨內不同派別、山頭和利益集團。有人以黨內公開信方式，有人以「捧殺」的方式，有人以形左實右政治倒退的方式，有人則以搞亂經濟拖中國下水的方式，有人以「高級黑」的方式攪局，總之就是要讓習「背黑鍋」，達到倒習的目的。

公開信關聯圖曝光 劉樂飛捲入

　　海外中文媒體在 2016 年 3 月 20 日另外一篇文章中報導稱，在解釋當局懷疑哪些幕後勢力捲入了公開信事件時，調查人員並不願意透露案情細節，但他提醒，可以查查公開信的關聯圖。

　　報導稱，公開信出現的網站無界傳媒的執行總裁歐陽洪亮，是中宣部主管新聞口的正部級副部長蔣建國的親信。蔣建國與落馬的前河北省委書記周本順都是北京「湖南幫」的成員，兩人在湖南更是多有交集；周本順是周永康擔任政法委書記時的祕書長。

　　另外，蔣建國也是落馬的前中辦主任令計劃的同學；令計劃

與周永康又結成了同盟。

新疆無界新聞網也屬於新疆自治區政府主管，新疆書記張春賢不僅靠周永康的推薦主政新疆，而且也是來自湖南。今年兩會期間，當記者問張春賢是否支持習近平領導時，張卻說出「再說吧」予以回應。

調查人員稱，介入公開信事件幕後勢力關聯圖中，可能並不只有周永康勢力、中共宣傳系統，還有劉雲山兒子劉樂飛。

劉樂飛捲入此案，是因為 2015 年 A 股股災被當局內部定為「經濟政變」。在那次股災中，中信證券高層幾乎被一鍋端，時任董事長的王東明黯然退休，時任副董事長劉樂飛被踢出董事會。同時，習、王聯手在宣傳系統反腐，報導稱，劉樂飛現在應當很清楚，他父親劉雲山主管的宣傳系統未來命運如何是可以預見的。

疑涉無界事件 媒體人賈葭失聯

旅居香港的資深媒體人賈葭 3 月 15 日從北京飛香港時在機場失聯，音訊皆無，十天以後才表明「獲釋」。賈葭被疑涉新疆媒體無界新聞網發表攻擊習近平公開信事件。

賈葭的友人及妻子在網上透露，35 歲的賈葭 3 月 15 日從北京機場搭機南下香港，原定當晚深夜 11 點半左右抵港，會寄宿朋友家中，但一直沒到。星期三中午約人午餐也沒露面，電話一直不通。賈葭 17 日上午也沒有出席一個他是主講人之一的講座。

據美國之音報導，賈葭來香港前，曾告知朋友估計可能會被扣留調查，事關他 3 月 4 日從微信朋友圈看到有關要求習近平辭

職的公開信後，提醒新疆無界新聞執行總裁歐陽洪亮刪除。

兩人曾是舊同事。據信，歐陽洪亮在接受當局調查時，告訴網監部門是從賈葭處得知消息。外界猜測他這次是「被失蹤」。

出生陝西西安的賈葭曾任新華社《瞭望東方周刊》編輯、香港《鳳凰周刊》資深編輯、GQ 雜誌中文版高級編輯、香港陽光衛視新聞部副主編、騰訊《大家》專欄主編，以及 2015 年上線的香港新興傳媒《端傳媒》評論部的主編。

賈葭旅居香港多年，月前才從《端傳媒》離職，赴廣州中山大學任教研究。

事件發酵 張春賢兩馬仔落馬

新疆媒體無界新聞網攻擊習近平事件發酵之際，「兩會」結束後第二天，新疆住房和城鄉建設廳前黨組書記李建新與中石油西部管道公司副總經理依利·司馬義被同時通報落馬。二人均長期在新疆關鍵部門任職，先後獲江派要員王樂泉、張春賢提拔。

3 月 18 日 17 時 27 分，中紀委通報，據新疆紀委消息，新疆自治區住房和城鄉建設廳前黨組書記、副廳長李建新與中石油西部管道公司黨委委員、副總經理依利·司馬義涉嫌嚴重「違紀」，目前正接受調查。

簡歷顯示，李建新與依利·司馬義均長期在新疆任職。李建新 1953 年出生，自 1997 年至 2009 年，歷任自治區建設廳副廳長、廳長、自治區住房和城鄉建設廳黨組副書記、廳長。2010 年 9 月至 2014 年 11 月，升任自治區住房和城鄉建設廳黨組書記；2014 年 11 月被免職。

依利‧司馬義，1962 年出生，早期在新疆石油管理局、塔里木石油勘探開發指揮部任職；2005 年 8 月至 2011 年 6 月，歷任新疆自治區政府辦公廳副主任、辦公廳黨組成員；2011 年 6 月至 2015 年 7 月，任新疆應急管理辦公室主任；2015 年 7 月，轉任西部管道公司黨委委員、副總經理。

新疆一直以來被認為是周永康的地盤，長期控制在江派人馬手中。據悉，新疆也是薄、周政變計畫中三條退路之中的一條。前新疆自治區黨委書記王樂泉就是周永康的人馬。王樂泉鐵腕主政新疆近 20 年間，曾與周永康一手製造了「七‧五」事件。

2009 年 7 月 5 日，烏魯木齊發生了維人與漢人之間的騷亂和報復事件，造成近 200 人死亡、約 1700 人受傷。事件發生時，胡錦濤 7 月 8 日突然中斷正在歐洲的訪問，提前回國。事後，王樂泉被問責，被免去書記職務，調回北京；但是因為後面有周永康庇護，被安排擔任中央政法委副書記，當起周永康的副手。

張春賢於 2010 年接替王樂泉出任新疆黨委書記，媒體披露，當時，張得到了時任中共政法委書記、中共新疆工作協調小組組長周永康的保薦。

而張春賢與周永康搭上關係，則是張的妻子、央視《新聞聯播》前主持人李修平通過周永康的後妻、央視前記者賈曉燁搭橋。

王樂泉主政新疆期間，李建新與依利‧司馬義一路獲提拔，分別在油水部門住房和城鄉建設廳及權力核心部門政府辦公廳長期任職；張春賢接任新疆書記後，二人均進一步獲提拔；顯示二人是王樂泉與張春賢的重要馬仔。

第五節

任志強微博將歸來
劉雲山大麻煩？

任志強事件峰迴路轉 微博將歸來

2016 年 3 月 10 日，網友「44 個漲停」微博曝稱：「任志強將於 3 月 21 日歸來。別問我消息來源。」該微博迅速被刪，無法證實消息真假。

2016 年 2 月下旬，任志強因發表有關「黨媒姓黨」的言論，遭到多家中共黨媒新華社、共青團中央主辦的《中國青年網》、《環球網》以及北京市委宣傳部的《千龍網》等「圍攻」。中共北京西城區委甚至公開宣稱，將嚴肅處理任志強。

2 月 26 日，中共國家信息辦公室發言人稱，因任志強的言論，下令騰訊、新浪關閉其帳號。

任志強被取消微博帳號後鮮有發聲，只是在 3 月 4 日曾啟用

五年沒使用的國外社交網站 Twitter，發了兩條推文稱，「哎～」、「大意了」。3月8日任志強曾現身慶生會，與友人共同迎接65歲生日。多個好友在網路上發布任志強生日會的照片，隨後又被刪除。

3月3日和5日中共政協和人大會議先後開幕。在兩會之前，官方釋放信息顯示對任志強的風向已經急轉。

3月1日，中紀委網站轉載《中國紀檢監察報》文章《千人之諾諾，不如一士之諤諤》，支持批評當局的聲音。海外媒體紛紛解讀，認為這是針對中宣部「圍攻任志強」行為的回應。

博聞社3月8日報導稱，習近平親自指示叫停官媒圍攻任志強，據稱習對這事很生氣，認為有關部門在兩會前夕掀起這場「任志強的大批判」是「愚蠢透頂」的行為。

消息人士指，中共意識形態主管部門沿用幾十年前的模式來處理任志強事件，那不是維護習近平，而是給習「背黑鍋」。

官媒記者倒戈 籲揪幕後黑手

在官媒圍攻任志強被消聲之後，官媒陣營中有人力挺任志強，並籲全面調查該事件，追究「圍攻任志強」相關部門的責任，此呼籲引發外界強烈關注。

2013年曾公開舉報中宣部高官參與「人奶宴」的新華社記者周方，2016年3月7日在微博實名發表公開信，控告中共網路主管部門長期存在濫用公權、侵犯人權等違憲行為，給社會造成極大的思想混亂和輿論誤導，將給國家和民族帶來災難性結果。

任志強2月被官媒圍攻時，不少評論認為涉及中共高層權鬥。

其中「千龍網」發表的文章《誰給了任志強反黨的底氣》，提到「一個半夜三更喜歡給領導打電話的任志強，究竟誰給了他跳出來推牆的勇氣？」任志強與王岐山密切關係眾所周知，據稱兩人不時會半夜通電話。

港媒《太陽報》評論文章指，中宣部「聲討任志強，意在打垮背後的王岐山」。

在周方之前，安徽出版集團董事長王亞非也曾發表文章力挺任志強，提出要「警惕有的網站藉任志強事件反黨」，指「千龍網」的文章「十分惡毒」，「從這個標題就可以看出，作者是醉翁之意不在酒。」「其實已經變相點名了。」他們「這次藉任志強的言論，故意想把火燒向最高領導層，真是膽大妄為。」

王亞非呼籲揪出「千龍網」背後的黑手，他說：「這個網站如果沒有幕後黑手的話，絕不敢寫這樣一篇攻擊領導人的文章。後面一定還有代表貪腐勢力的大人物。」

劉雲山要出冷汗 中宣部群虎待入籠

法廣早前引述分析稱，現任常委劉雲山是繼鄧力群之後中共黨內名副其實的「新左王」，作為劉雲山直接下屬的中宣部長劉奇葆則是「新左王」操盤手。

在官媒群起攻擊任志強之際，中共兩會前夕，王岐山派出 15 個巡視組進駐 32 單位與 4 省份。其中，巡視中宣部的第一巡視組組員配備及動員會陣容最強大。外界有評論指，這是劉雲山把持的中宣部被特別針對。

據海外網站透露，習近平對中宣系統使用個人崇拜方式塑造

自己的形象非常不滿。

一來自中紀委系統的消息人士披露，劉雲山兒子劉樂飛利用其父的權勢，長袖善舞，大肆進行利益輸送。劉雲山為了確保權位和今後家族安全，指使中宣系統對習近平進行「高級黑」。

這名中紀委官員表示，中宣系統數名身居要職者面臨雙規、調職、貶職的情況，這是肯定的，「劉雲山會出一身冷汗！沒有人可以擔保劉本人不一定不出事。」

2015年8月27日，中共人民網總裁廖玒被查，香港東網評論文章稱，廖玒之流只是蝦兵蟹將，主管媒體的各級宣傳主管部門及其負責人，才是真正的「大老虎」。「且等等，讓他們慢慢進籠吧。」

第六節

曝劉雲山喝「人奶」 新華社記者再甩炸彈

新華社記者再曝猛料 籲清洗宣傳口

中共兩會召開期間，新華社記者周方致全國人大常委會、最高法院、最高檢察院和中紀委的公開信於 2016 年 3 月 7 日晚現身新浪微博，不過目前大陸網上的相關文章已被刪除。

周方 2013 年曾因公開舉報中宣部某高官參與「人奶宴」而轟動一時。

周方在公開信中指，近年來，這些部門無視國家憲法，無中生有地、無恥地扮演起「輿論法官」的角色。其中網管部門以極其粗暴的方式來「管理」網路媒體合資媒體，動輒非法關閉個人博客與微博。「更有甚者，網管部門在公安、央視等政府部門和媒體的配合下，以長官意志取代法律，由網管部門主要領導提供

黑名單，公安部門抓人。」

公開信說，在辦案過程中，警察常常以威脅當事人人身和家庭安全的言語暴力甚至刑訊逼供等方式違法辦案，迫使當事人屈服並同意上央視「認罪」。而2月發生的「圍攻任志強」這一類似「文革式大批判」的特大網路安全事件使網管部門玩忽職守、濫用公權等違法行為達到了頂峰。一時間，讓網民陷入了一種前所未有的恐怖之中，擔心「文革」重來。

周方批評說，某些網路主管領導竟然置國家法律於不顧，動用公共資源，從違法犯罪人員大肆培養自己的輿論隊伍，使他們成為名副其實的「網路打手」。如因創辦色情網站而被捕的周小平就是最典型的例子。為了達到其險惡目的，他們竟然違反領導人安保規定，派遣周小平參加習近平出席的文藝座談會。

文章認為，在改革開放言論受到壓制時，大肆發布極左言論和「文革」式觀點的自媒體卻受到縱容。這種現象繼續下去將給國家和民族帶來災難性結果。

公開信呼籲當局盡快採取行動，調查並追究輿論與媒體主管部門特別是網管部門玩忽職守、濫用公權的違法行為。「鑒於宣傳部門辦公經費數額巨大但管理和使用卻不透明，特別是網管部門的辦公經費使用不透明，可能存在涉嫌觸犯法律的嚴重問題。」

信中還提到，應同時全面調查「圍攻任志強」事件，追究網路辦、團中央網路部門、千龍網等有關部門負責人的刑事責任；全面清查網管部門與網路公司的帳目往來，以及有關部門負責人與網路公司以及相關企業和個人是否存在利益關係；追查千龍網、百度公司等網路媒體和網路企業的經營管理中的違法行為，等等。

公開資料顯示，周方 80 年代大學畢業後曾擔任中共煤炭部選煤設計研究院翻譯。1986 年至 1989 年在中國社會科學院研究生院新聞系就讀新聞學專業英語採編方向碩士，1989 年起供職新華社。

周方曝當眾吃人奶高官 指向劉雲山

2013 年 7 月，新華社記者周方在新浪博客發表文章《人奶原來是道「菜」！？》。該文披露，有宣傳部門高官（當時為副部級）當年參加一位大老闆在京城某高檔會所的宴會時，不僅跟著喝人奶，而且還做了「很過分的事」。

席間，人奶是作為一道菜上來的。在每位食客旁都來了一位全裸的美豔少婦。請客的大老闆指著少婦們對客人說：「大家請隨意，想喝奶請喝奶，想『吃人』就『吃人』。」在座者心知肚明。大家停止了交談，放下了手中的一切，開始傾情對付這道「菜」。有些人按耐不住，帶著自己的「奶媽」到裡間「瀟灑」去了。

文章還說，中共高官參加這種宴席不是一次兩次了，那天請客的大老闆目前還在獄中。周方披露中共高層淫亂的文章引起大陸輿論譁然。而當時被不點名提及的宣傳口高官，透過已被查處的央視主播芮成鋼，指向現任常委、長期掌控中宣部的劉雲山。

曝劉雲山醜聞遭構陷 83 歲鐵流再陷危局

2015 年底，83 歲作家兼媒體人鐵流打破沉默，公開接受媒體採訪，把掌控文宣部的中共政治局常委劉雲山構陷自己的內幕

公諸於世。

鐵流曾因在網上撰寫 7 篇揭露劉雲山的文章後，遭到 165 天的關押，當時 82 歲的他遭到身心雙重迫害，被迫認錯、被迫寫了五次保證，承諾不關心國家大事、不再寫文章、不接受外媒採訪等，才暫時重獲自由。

2015 年 12 月 17 日，鐵流在朋友圈發出消息說：「昨天我憤怒地發出吶喊：『我向全世界作證，中國公安無法無天，隨意抓人，控管老百姓的言論、思想，用手銬、監獄介入意識形態的爭論，而且違背著基本的人權與人道，折磨非罪的在押人員，連老人也不放過。我宣布，『從現在起，我接受境內外媒體採訪，把劉雲山構陷我的內幕公諸於世！』」

他表示，消息經大家轉發後，很多人都知道了。但從早上 9 點起，自己的電話已經被國保屏蔽，下一步可能再被抓，即所謂的「收監執行」。

但鐵流說：「我已做好充分的思想準備，迎接這一天的到來。做人不能屈辱地苟活於世，不能乞求權貴的施捨，我是個堂堂正正的國家公民，一個退休的老記者、老作家，一生守法講誠，為什麼要跪著而生？！」

他強調，快滿 83 歲的古稀老人，卻不能在自己的國土上自由行走，更不能出境看望親人，外出要請假，月末還要寫思想匯報，這哪是人的生活？

周永康的祕書聽命劉雲山抓人指示

鐵流同時在朋友圈揭露說：「國保秉承劉雲山的指示，通過

法律定我有罪，以放我出牢作為條件交換，先後強行我寫了五次保證承諾，要我不再過問國家大事、不再寫文章、不再參與社會活動、不再接受媒體採訪。寄情山水、含飴弄孫、過好退休生活。但他們不遵守承諾，連我去北京看外孫、外孫女都不行。我只有憤而反擊，回歸自由民主的隊伍，以老邁血肉之軀，打通捍衛中國法治進程，推動『依憲治國』之路，實現言論自由之途！其結果不外乎是抓進去。我怕什麼？又有什麼怕的？人總得一死。為言論自由而死，為民主法治而死，是無尚光榮和崇高的！！！」

他還提醒朋友們說：「只要你們一天打不通我的電話，一天看不見我的微信，說明我被抓進去了。不要悲傷，不要難過，請為我點上蠟燭，笑著送一個不屈老人的西去。冬天來臨了，春天還會遠嗎？……謝謝大家，關注我的明天！」

鐵流電話被屏蔽前，接受《大紀元》採訪時肯定表示：「抓我的是北京公安局副局長、北京國保總隊隊長劉濤，曾是周永康的祕書。他半夜三更把我抓進北京市看守所。我被三次抄家，連續三天審訊，我當時就昏了，進醫院去了。」

被關 165 天送醫 還要戴腳鐐手銬

鐵流表示，自己從 2014 年 9 月至 2015 年 2 月，被整整關了165 天。「最糟糕的是沒有洗澡、沒有刷牙。一個十多坪的房子關 20 個人，都是販毒、嫖娼、搶劫的年輕人。跟這些人關在一起，不說擠死你，悶都要把你悶死。而且最後生了病，去醫院還要戴上腳鐐手銬。」

他表示，原因就是因為自己寫了 7 篇揭露劉雲山的文章。他

還說：「公安非常不人道的，一進去就給你戴手銬、戴腳鐐，把你綁在鐵椅上，他要問你你就說，不能說其他。還叫你在筆錄上簽字，不簽字都不行，就是變相地刑訊逼供、整人害人。公安權力太大了，隨便抓人，嚴刑逼供。」

他還說：「他們表示你只有認錯、認罪放你出去，而且還一審不能上訴，我想等出來再說吧，因為裡面不是講理的地方。我說殺人放火，你們都寫吧，他們都笑了起來。他們說一條，我寫一條，他們怎麼說我怎麼寫，寫好按手印，就這麼出來的。」

警方稱反劉雲山就是反革命、反黨

鐵流說：「他們審訊我，提到就是跟劉雲山文章有關。說反劉雲山就是反革命、反黨中央。抓你跟警察無關，就是上面下命令抓你的。」

「北京看守所和成都看守所，他們都同情我，也非常清楚，知道我這個老頭是冤枉的，但誰也不敢站出來，就談條件，就按劉雲山要求做。成都有公安都說，『我當了一輩子公安，都沒想過有人把一個 80 多歲的老頭抓進來。』他們也表示，沒辦法，是上面的命令。」

他們不但抓了鐵流的保姆，還將他太太、兒子全部限制出境。

最後鐵流表示，自己冒這樣的風險是因為覺得劉雲山太壞了，「我們都恨他，他把中國文藝、新聞搞得不成樣，沒有新聞，盡說假話怎麼行哪？我是搞新聞出身的，當然恨他。」

鐵流爆周永康祕書幫還有漏網之魚

鐵流首次透露，秉承劉雲山的指示、直接下令抓捕並迫害他的是北京市公安局副局長、北京國保總隊隊長劉濤，此人曾是周永康的祕書。原來如此，公然與劉雲山沆瀣一氣、挑戰習近平屢次強調的「依法治國」的正是周永康的餘孽、其「祕書幫」的漏網之魚。

業已被判刑的周永康早前被曝出手下的團團伙伙的除了「政法系」，還有「石油幫」、「祕書幫」，其中很多人都已被抓或被判刑。「祕書幫」落馬的人中就有：曾給周永康做過十年祕書的海南省副省長冀文林，周在中石油的祕書中石油前副總經理李華林和中油國際一把手沈定成，以及同樣做過周永康祕書的四川省前文聯主席郭永祥、四川省前政協主席李崇禧、最後的大祕書余剛和安全祕書譚宏。

作為周永康的「大祕」，他們既是周的大管家，更是其耳目。也正是由於他們的「忠心耿耿」，才會被周永康提拔擔任「實職」，安插在中石油、四川、海南等地替自己攫取利益。他們與周永康早已結成了利益共同體。周永康的危局，是他們落馬的導火索，而他們的落馬，最終也拉下了周永康。

而劉濤雖然與周永康上述曾經「風光」的大祕書們無法相比，但既然頭扛周的祕書的身分，還是謀得了「肥缺」：北京國保總隊隊長。「國保」是中共革命戰爭時代的產物，但做大做濫國保的，始自周永康掌控政法委時期。在周永康的指使下，他們為所欲為，一方面與專業的國家安全部門爭功奪利，另一方面在公安系統內凌駕於其他警察之上，成為當局迫害維權與異見人士的

打手，嚴重危害社會秩序。特別在江澤民 1999 年掀起鎮壓法輪功的狂濤後，成立了專門鎮壓法輪功的專職「610 辦公室」，而通常中共省、直轄市國保總隊長或副總隊長兼任該辦公室主任一職，中共國保的罪惡罄竹難書。而鐵流曝出的黑幕進一步提供了佐證。

浸染國保多年的劉濤，在被鐵流公開曝光了其嘴臉和背景後，是否仍繼續追隨周永康、劉雲山，繼續瘋狂下去？如是，切莫忘了其主子和眾多追隨者的下場，而且當今高層業已釋放出明確的整頓信號。據海外媒體之前報導，中共將對公安體制進行 30 多年來最大規模的一次全面系統的「改革」，根據方案，公安部國保將被取消，該局將更名，功能重新設定，省市以上原部門的人員要轉型或轉崗。劉濤的命運之舟將駛向何方似乎已然注定。

劉雲山參與三大政變

第十一章

劉玩高級黑
被習公開回擊

劉雲山被曝表面上服從習近平，暗地一直針對習近平在宣傳上大搞「高級黑」和「捧殺」。習近平除了讓其「大內總管」栗戰書介入劉雲山掌管的文宣、黨建系統，最新消息稱，王滬寧等五名政治局委員聯署彈劾劉雲山，追究劉的瀆職失責。

劉雲山掌控的宣傳口劣跡斑斑，被公開呼籲清洗。（AFP）

第一節

習強調廣開言論 影射劉雲山

習近平強調廣開言路

2016 年 4 月 19 日，習近平以「中央網路安全和信息化領導小組」組長的身分主持召開網路安全和信息化工作座談會並發表講話，小組副組長李克強、劉雲山、馬凱、王滬寧、劉奇葆、范長龍、孟建柱、栗戰書、楊潔篪、周小川及中共宣傳系統官員出席。

此外，大陸部分省市黨委宣傳部部長，各省區市網信辦主任，部分中央新聞單位和中央新聞網站負責人，部分網路專家專家學者，大陸互聯網和通信企業掌門人等也參加該會。習近平會上稱，目前大陸有 7 億網民，中共各級官員要經常上網看看，了解民眾「所思所願」，對廣大網民要「要多一些包容和耐心」；對網路上的批評、監督，不論是「和風細雨」的還是「忠言逆耳」的，「不

僅要歡迎，而且要認真研究和吸取。」

有港媒評論稱，在大陸輿論環境越來越嚴峻，官方封網抓人越來越厲害的時候，特別是房地產大老任志強在微博質疑「黨媒姓黨」而遭到官媒群起而攻之後，習近平這番「廣開言論」的講話，彷彿是在撇清自己，暗示那些封網抓人的事都不是他幹的，從而影射劉雲山，並客觀上表明了自己的立場。

習要求中宣部不准稱他「習大大」

2016 年 3 月，有消息說，習近平對中共宣傳系統煽惑吹捧自己的行徑很不滿意，明確要求：不要叫我「習大大」。4 月 22 日港媒顯示，大陸各地方媒體已陸續接到中宣部這個指令。

據消息人士說，習很反感那些吹捧他的東西。除了少數可能是不明事理的民眾自發「創作」，而後被中共官方媒體推波助瀾，相當一部分有很深的心機……有的煽風點火，用心險惡地給習挖一個巨大的坑，這就是所謂的「高級黑」。

比如，2016 年初大陸網路出現不少捧習的文章以至紅歌，如改版歌曲《東方又紅》，這首歌與《東方紅》旋律一樣，但歌詞僅作輕微改動。還有些紅歌被人「加工」，放在 YouTube 等海外社交平台。

3 月 5 日，中共人大會議開始，西藏「代表團」各代表和工作人員胸前都別有兩枚像章，其中一枚是習近平的像章。坊間對此議論紛紛。但幾個小時之後，與此有關的帖子遭到刪除。網媒亦接到通知，要求嚴控包括社交網站在內的與「習像章」有關的帖子。

　　港媒此前亦報導說，這幾年來，是曲意逢迎也好、是陰毒使壞「挖坑」也罷，掌控意識形態領域的劉雲山與文宣系統試圖把習近平包裝成「左派」。報導引用北京官場的話稱，劉雲山及其文宣系統的這一「形象塑造」工程，引發習陣營嫡系智囊的警惕和擔憂。

文宣系統搞「文革式」圍攻

　　劉雲山的挖坑還表現在另外一方面，比如任志強事件。

　　任志強 2016 年 2 月 19 日在微博上發帖，質疑中共官媒「必須姓黨」的說辭。他說，官媒「花的是黨費嗎」？「別用納稅人的錢去辦不為納稅人提供服務的事」。隨後，由劉雲山主管的文宣系統展開了對任志強「文革式」的圍攻，中共國家信息辦公室也下令騰訊、新浪關閉任志強帳號，2 月 29 日，中共北京西城區委還要「對任志強作出嚴肅處理」。

　　消息人士向媒體披露，習近平很快叫停了對任志強「文革」式的「大批判運動」。習身邊人評論說，意識形態主管部門沿用幾十年前的模式來處理任志強事件，那不是維護習近平，而是讓習「背黑鍋」。

　　3 月 28 日，就在任志強事件餘波未息之時，《南方都市報》編輯余少鏞公開辭職，辭職理由就是「無法跟著你們姓」。余少鏞稱，人老了，跪這麼長時間膝蓋實在受不了，就想試試能否換個姿勢。負責盯他微博並通知上面的那位可以長抒一口氣了吧。

　　4 月 10 日、11 日，《新京報》連續刊發的兩篇有關言論自由的文章接連被刪除。尤其是 4 月 10 日刊發的題為《記者正常報導

與國家安全何干？》的文章質疑中共，衡陽三名記者報導衡陽市真實新聞，卻被衡陽宣傳部新聞中心主任江勇報告給國安部門。

文章質疑記者報導為何上升到國家安全的層面，稱「真正被威脅的往往不是國家安全，而是個人安全」。文章認為，官員與記者發生衝突很正常，如果雙方「配合默契」，「被犧牲的就是公眾的知情權」。但該文很快被刪除。

當局不斷收回劉雲山的權力

中共文宣系統一直被江派人馬把持，中共 18 大後，中共江派大員、宣傳部部長劉雲山出任中共政治局常委，接替江派李長春的職位，主管中共的文宣系統。劉成為了江派對抗習近平陣營的三大前台人物之一，他不僅與習近平當局「對著幹」，甚至扭曲、刪除習近平、李克強、王岐山等的言論。

但劉雲山把持的文宣系統也不斷被習當局清洗，中共央視、人民日報等高管落馬；中共 18 大後，已有 19 名省級宣傳部部長被撤換。

同時習也不斷收回劉雲山主管的文宣系統的權力，不但讓其舊部黃坤明出任中宣部常務副部長，而且還親自掌管了網路安全和信息化領導小組，讓主管文宣系統的劉雲山排在了李克強的後面。

據海外媒體披露，習當局確定讓中宣部長劉奇葆年內下馬，其職務由黃坤明接替。中紀委系統的官員透露，現在習、王的矛頭已開始對準中宣系統，有數名身居要職者將面臨雙規、調職或貶職是肯定的。「劉雲山會出一身冷汗！」該官員說，「沒有人可以擔保劉本人一定不出事。」

第二節

紅歌秀令習震怒
拋講話全文回擊劉

在習、江鬥的交鋒中，一進入 2016 年 5 月，「倒習聯盟」和習近平陣營都加快了動作頻率。

就在法輪功萬人和平上訪 17 周年的敏感日「4‧25」前後，習近平針對江澤民發動的這場最愚蠢的政治運動（鎮壓法輪功），連續召開了三個糾正大會：上訪會議、宗教會議、政法會議，招招點到了江派的痛處，習要糾正和恢復江澤民因鎮壓法輪功而踐踏的相關法制。

於是，被擊中軟肋的江派再次陰險出招。

2016 年 5 月 2 日晚，以中宣部名義在人民大會堂上演了一場「紅歌秀」，20 首曲目中有 18 首是「文革」時的歌曲，還有 2 首歌頌習近平的歌，讓人有當局要走「文革」回頭路的聯想。

隔天，中南海密集發表了習近平過去半年內幾個講話的全

文，以回擊劉雲山宣傳系統的「高級黑」手段。其中特別引人注目的是習近平說「黨內存在野心家、陰謀家」……

中宣部搞「紅歌秀」 逼習表態

據大陸媒體報導，5月2日晚間7時30分，位於天安門廣場、能容納上萬人的人民大會堂，上演了「社會主義經典歌曲」大型交響演唱會。該演出由中宣部下屬中心主辦，演唱歌曲全是「文化大革命」時的歌曲，開場歌曲更是歌頌毛澤東的，還有影射習近平搞個人崇拜的。整個晚會充滿了「文化大革命」的味道，有觀眾驚呼：「莫非文化大革命又開始了？！」

舉辦單位是「56朵花少女組合」和中國歌劇舞劇院，該合唱團由56名16至23歲的各民族少女組成，被稱為「全球第一組合」或「全球最大女團」。她們聲稱是中宣部下屬機構。演唱的20首曲目中，18首是「文革」流行紅歌，兩首是近期出現歌頌習近平的《你這樣平易近人》（又名《包子舖》）和《不知該怎麼稱呼你》。打頭炮的《大海航行靠舵手》，是「文革」時為毛澤東造神的登峰造極之作，堪稱是「文革」的象徵，其他還有《社會主義好》、《革命人永遠年輕》等。舞台背景還打出了「打敗美國侵略者及其一切走狗」等口號，大有「文革」再現之感。

1966年5月16日，毛澤東正式發動「文化大革命」，給中國帶來毀滅性衝擊。「文革」致死的人數至今沒有一個正式統計數字，一些學者的研究結果從幾百萬到幾千萬不等。中共官方亦將「文革」稱為把國民經濟拖向崩潰邊緣的「十年浩劫」。

　　毛澤東發動「文革」至今 50 年。儘管無高官捧場，大陸媒體亦未大力宣傳，但這場擺明為紀念「文革」的演出，仍引起中共黨內憂慮。大陸媒體傳出一封中共前全國人大副委員長馬文瑞的女兒、曾任中央統戰部機關黨委副書記馬曉力致中辦主任栗戰書的信，直指這場演出「是『文革』文化再現」，「是一個有預謀有組織有計畫違反黨紀的事件」。

　　馬曉力在信中指，演出內容充斥「文革」鏡頭，大有「文革」再現之感，其中竟出現干擾外交路線的巨幅背景，必將影響外界對中國未來走勢判斷。信中她呼籲當局警惕有人想搞「文革」復辟，要求當局追究負責人，以正視聽，否則極左思潮「文革」遺風肆虐，黨國將危！

　　有評論稱，當年薄熙來帶紅歌團進京都沒能在人民大會堂演出，這回紅歌登堂入室，主辦方還換成了中宣部，儘管事後中宣部否認，但這反映出中宣部有股勢力想走「沒有薄熙來的薄熙來路線」。

　　習近平上台三年來，一直想推動自己的改革夢、中國夢，為了獲得最大公約數的支持面，他同時肯定所謂「前 30 年和後 30 年」。就像胡適所說的，「多研究些問題，少談些主義」，習不想在這些空洞的東西上浪費時間，就不時安撫左派和右派，想在其中找到平衡。

　　但隨著反腐深入，雙方進入刺刀拚搏階段時，當觸及到更多更高既得利益者時，左派和右派都對習表示不滿。很明顯，這次唱紅歌就是左派強力逼迫習近平表態：你到底是想往左拐，還是向右轉？

宣傳部是「倒習」始作俑者

面對劉雲山控制下的中宣部如此逼宮，習陣營有些難堪，不過最令習難堪的，還是在3月中共兩會前夕江派搞出的「倒習公開信」事件。

隸屬中央網信辦系統的「無界傳媒」，是由新疆區委宣傳部、阿里巴巴集團及財訊集團三方出資創立。就在2016年中共兩會開幕的前一天，3月4日凌晨，無界網登載了「倒習」公開信。儘管他們事後稱是被「駭客攻擊」，並非其本意，但就在人民大會堂上演唱紅歌之後，港媒援引消息人士稱，經查明，該事件的始作俑者基本確認是新疆宣傳部門，涉及到中共新疆區委書記張春賢，中宣部副部長蔣建國等人。

據北京接近網信與網安部門的人士表示，調查確定：新疆宣傳部門有人參與了公開信的刊登與事後證據銷毀，而這封信之所以能出現在無界新聞，是因為有人裡應外合，是無界網內部有人保留後門，外部人員得以成功將該信件貼進去。

調查中發現，在無界新聞網登載公開信之後，張春賢的親信、無界網董事長李萬輝第二天親自向總裁歐陽宏亮及技術人員下達指令，對有關伺服器進行格式化，徹底銷毀證據。李萬輝的官方身分是中共新疆自治區黨委宣傳部外宣辦網路處處長、新媒體中心主任，正處級。

李萬輝曾一度矢口否認銷毀證據事件與上面有關；但專案組的調查顯示，公開信事件發生後，中共新疆自治區黨委宣傳部高層曾跟在北京的張春賢頻繁電話聯繫，故事件尚不能排除跟張春賢有關。

據報導，無界新聞是中宣部副部長蔣建國特批給新疆網信辦主辦的新媒體。「在北京有自己的聲音！」張春賢曾在多次場合說要解決新疆沒有媒體話語權的問題，所以儘管國信辦反對，他還是堅持要辦一個自己的媒體，結果才搞出了個「輿論逼宮事件」。

在「倒習」公開信發表四天後的 3 月 8 日，在人大新疆代表團的開放日，針對媒體提問是否支援習近平的領導，新疆黨委書記張春賢僅稱「再說吧」。有評論認為，張春賢此舉明顯是公然藐視習近平，也許藏在張春賢心裡的，還不只是對習的藐視，還有深深的敵意。

習、李講話全文密集出現

5 月 2 日江派唱紅歌後，習陣營不但放風公布了「倒習」公開信的直接責任人；5 月 3 日，中南海還密集發表了習近平在過去半年內幾個講話的全文，其中包括 2015 年 12 月在中共中央黨校工作會議、2016 年 1 月在中紀委六中全會以及 4 月 19 日在網路安全和信息化工作座談會上的講話等。與此同時，5 月 3 日，中共國務院官網也長篇披露了李克強 4 月 15 日在北京大學，召開高等教育改革創新座談會上的講話。

習近平在中紀委的講話全文 1.4 萬字，其中使用了許多醒目的用詞，超過了官方以往在涉腐議題上的對外表態。例如習近平列舉了四種違紀違規現象說：有的置若罔聞，搞結黨營私，一門心思鑽營權力；有的明知在換屆中沒有安排他，仍派親信到處遊說拉票；有的政治野心不小，揚言「活著要進中南海，死了要入八寶山」；有的在其主政的地方建「獨立王國」，為實現個人政

治野心而不擇手段。習還描述稱，「黨內存在野心家、陰謀家」，並特意強調了「家風」，表示「家風敗壞往往是領導幹部走向嚴重違紀違法的重要原因」。

習近平在中央黨校工作會議上的講話中，列舉了黨校存在的很多問題，還表示黨校對中央「說三道四」的言論，殺傷力很大，不要低估。

外界評論說，對比全文與中宣部此前發布的報導，明顯看到中宣部在有意大幅刪減習的講話，對一些「敏感」的內容不予報導。作為對中宣部左派唱紅歌的反擊，習、李發表了全文，這是很罕見的。

《光明日報》總編輯何東平被免職

緊接著第二天 5 月 4 日，有消息傳出，官方將團中央的經費壓縮了一半，從 6 億降到了 3 億，同時人們也看到這一天基本沒有搞青年節慶祝活動，相反，習陣營還下令免職了一個文宣系統的高官、劉雲山的一員大將，他就是《光明日報》的總編何東平。

據官方報導，5 月 4 日，中共中央機關報、直屬中宣部管轄的《光明日報》社召開大會，由中組部副部長潘立剛宣布，免去何東平《光明日報》總編輯職務。這一天，習近平的浙江舊部、中宣部副部長黃坤明還出席會議並講話。

簡歷顯示，何東平從 1982 年起就一直在《光明日報》社工作，1997 年任總編輯助理，2000 年升任副總編輯，2011 年接替調往央視任台長的胡占凡任總編輯。1955 年 10 月出生的他已 60 歲，但其兩個前任苟天林和胡占凡都是在 62 歲才退下。

公開報導顯示，何東平與主管文宣系統的江派常委李長春、劉雲山等人關係密切，是左派的打手。2012 年 7 月 17 日，《馬克思畫傳》、《恩格斯畫傳》和《列寧畫傳》出版座談會在京召開，劉雲山致信祝賀，李長春與劉雲山親信、因醜聞下台的中央編譯局原局長衣俊卿主持會議，何東平則是發言者之一。

《光明日報》歷年來跟隨江派搞事

回顧過去不難看出，《光明日報》一直替江派發聲，向習近平叫板。如 2016 年 2 月 27 日，《光明日報》公開發文攻擊支持地產大佬任志強「反黨」言論的中央黨校教授蔡霞，並氣勢洶洶的詰問「蔡霞你的黨性在哪裡」；3 月 23 日，《光明日報》刊登全國人大副委員長吉炳軒吹捧李長春的文章，影射攻擊習近平 18 大以來的治國理政思路，否定習採取的政治、經濟、思想方面的舉措。

3 月 27 日，江澤民缺席殲 -10 飛機總設計師宋文驄遺體告別式的中共高官哀悼名單，外界猜測這是習陣營故意用缺席來彰顯江澤民的被動處境。但第二天 3 月 28 日，趁習近平動身出訪捷克之際，《光明日報》推出了《江澤民為「世界著名歌曲 45 首作序」》的新聞，故意反其道而行，要讓江露臉，給江派嘍囉鼓勁。

若再往前推，早在 1996 年，該報社就在誣陷法輪功方面，替江澤民、羅干搞出了「光明日報事件」。當時法輪功主要書籍《轉法輪》，於 1996 年 1 月名列北京市的暢銷書排行榜；但《光明日報》卻在 1996 年 6 月 17 日發表評論，把《轉法輪》描繪成宣揚封建迷信。於是數千法輪功學員給報社和中國氣功科研會寫

信，聲明《光明日報》的行為違背了胡耀邦 1982 年就氣功研究定下的「三不」政策：即「不爭論、不宣傳、不批評」。後來不少轉載該文的報紙停止了攻擊法輪功。

文宣改革將開始 劉雲山在劫難逃

5 月 4 日同一天，編輯部設在北京的「海外」媒體多維發表文章表示，習當局對中宣部的改革就要開始了。

文章說，「中共的文宣系統動不動就將矛盾上綱上線為敵我矛盾，甚至還冒出『階級鬥爭是不可能熄滅的』言論，與歷史潮流不符。這種霸道的鬥爭思維，跟不上經濟基礎發展腳步，在經濟領域發生了巨大變化的今天，理論和意識形態領域卻嚴重滯後，甚至被詬病為『八股』。」

文章表示，形勢已經愈來愈嚴峻，今天的經濟基礎倒逼著上層建築，特別是意識形態，中宣部已經到了不得不改革的地步。文宣系統也應該主動順應和掌握好時代的變化，以及習近平的世界觀、價值觀。最難啃的文宣改革就要開始了。

據此前報導，2 月 19 日，習近平前往三大黨媒「調研」。外界認為這是習親自釋放著手整肅「筆桿子」的信號。緊接著，中共中紀委通報 2016 年第一輪巡視單位，中宣部、新聞出版廣電總局等首當其衝。中央巡視組由王岐山舊部、中央巡視工作辦公室主任黎曉宏親自督陣。

此外，18 大後，劉雲山主管的宣傳系統被當局持續清洗，已有 19 個省份的宣傳部長換人，而且有關劉雲山利用中宣系統、以及他的兒子劉樂飛在股市金融市場給習近平添亂攪局的傳言越

來越多，劉雲山早就成了人們期待落馬的大老虎之一。

習謀畫撤銷中宣部 「二劉」走人

2016 年 4 月，據《內幕》報導，中宣部多年來所起的作用一直深受海內外質疑，特別是近年來刻意扭曲習近平的形象、將之推向極左「文革化」，更激起天怒人怨，嚴重衝擊到習近平施政凝聚民心。

中共官員告訴《內幕》，習近平意識到整治中宣部系統勢在必行，很可能改掉已經沿用至少 90 年的「中央宣傳部」這個臭名昭著的名稱，也考慮對劉雲山、劉奇葆這「二劉」做出適當的處置。

據了解，早在上個世紀中共開始改革之後，海內外已經有不少人士提出：中宣部的名聲太臭，讓人反感，幾乎已經成為「說教」、「洗腦」、「粉飾」，甚至是「控制輿論」、「思想專制」等的代名詞。

多年來就有人建議，這個部門最好撤銷，至少也要改變名稱、改換職能。政治觀察家表示，從換掉「中宣部」名稱著手，不失為一著辦法。中宣部一旦真要換招牌，那麼請身為「大、小掌櫃」的「二劉」走人，也就名正言順。

據說劉雲山與劉奇葆在私下談話中，把習近平的一些真實想法，透露給自己的親信，於是有些人趕快變臉轉向，比如此前長期不遺餘力地扭曲人們價值觀、在國內和外交政策上挑動民族主義和民粹主義的中共《環球時報》主編胡錫進，也忽然「變臉」，表態「支持開放言論」。

第三節

玩高級黑
中南海裡的「兩面人」危險

　　大陸官媒人民日報社旗下《人民論壇》官網 5 月 26 日高調推出獨家調查《「高級黑」，究竟如何識別？》一文稱：近年來網路上興起一個詞——「高級黑」。比如，表面上聽著是在誇你，實際起到的效果是害你；看起來對你絕對忠心，實際上是捧高摔你；聽著是在客觀地指出你的缺點，實際上是在惡意中傷你……

玩「高級黑」的是他

　　大陸網路出現大量手抄中共黨章的新聞報導，引爆民眾的極度反感，並將質疑和怨氣都指向了習近平當局。5 月 23 日，人民網題為《全國多地開展抄黨章活動 場面熱烈》的新聞報導，在發表幾個小時之後消失。5 月 24 日，軍報發表文章稱「防止抄寫黨

章淪為精緻的形式主義」。

種種跡象表明：中共最高層對此事的分裂態度。時政評論員夏小強分析認為，這是劉雲山在輿論上不斷給習「挖坑」，以造成外界反感不滿習近平。

2016 年 4 月初，香港《超訊》傳媒盤點習近平當局面臨五大陷阱。消息稱：其中「個人崇拜陷阱」變得越來越明顯。2015 年以來，劉雲山主管的中共宣傳口對習近平不斷採取「文革」中塑造個人崇拜的方式進行吹捧，近期已有越演越烈趨勢，在民間引起的反響也日漸擴大。

消息稱，早前，被指對習近平個人崇拜式「高級黑」的現象層出不窮。包括《要嫁就嫁習大大》、《東方又紅》等頌習歌曲，微信上轉發「習毛握手」的照片，以及參加兩會的西藏代表每人胸前都掛上習近平的像章等事件。

北京政界人士曾對港媒表示，劉雲山儼然已經成為中共黨內暗鬥習近平的權貴勢力核心。如果說此前令、周、薄、徐「新四人幫」是要「棒殺」習近平，推翻習近平，最終讓自己取而代之；那麼劉雲山勢力則欲「捧殺」習近平，誤導習近平，最終讓被扭曲了的「習大大」為己所用。

有接近習身邊智庫的知情者指，高層有不少嚴重違背民意、脫離現實的做法，其實是宣傳部門自做主張搞出來的，變相讓習背黑鍋。對習來說，宣傳部門主官「不換腦子就換人」已勢在必行。

「兩面人」劉雲山

5 月 21 日，大陸澎湃新聞網「打虎記」欄目刊登了中共中紀

委機關刊物《中國紀檢監察》雜誌的一篇文章《「兩面人」在社會上還是黨內，都被人鄙棄》，時政評論員周曉輝分析認為，聯繫當前北京詭異的政局，無法排除中紀委連續刊文不是指向現政治局常委劉雲山。

一方面，他在公開場合發表講話時稱要向習近平為首的中央看齊，要認真學習貫徹習的講話；另一方面，他暗中利用文宣系統，集合江派殘餘勢力，對習近平進行「高級黑」和暗中威脅，從「佯頌暗損」的春晚到肉麻的詩歌和歌曲，從圍攻任志強到叫板王岐山，從要求習近平辭職的公開信到「最後領導人」的「失誤」，從伺機讓江澤民「露臉」到讓江派的李長春和死人黃菊站台，暗諷習的政策……甚至還有傳聞稱，劉雲山已組建了「反習小聯盟」。

中宣部長劉奇葆「難勝任」

有消息稱，劉雲山對習近平的多次封殺和曲解，大多是通過中宣部部長劉奇葆來具體實施的。劉雲山曾在 2015 年被 68 名中央委員、中央候補委員政治問責，批其嚴重瀆職。劉雲山在一次政治局生活會上曾承認，其聽從周永康的要求，曾提名、擔保中共現任中宣部長劉奇葆。

據《爭鳴》2015 年 11 月號披露，劉奇葆邊工作邊接受檢查的消息已流傳多時，但他的三次檢查在中央政治局未能通過，在五中全會前夕已提交請辭書，他自稱「難勝任職務」。

《爭鳴》早前亦報導稱，2016 年 1 月中旬，中紀委召開五中全會，制定三個反腐步驟對準現職高官，首個被開刀的就是中宣

部部長、前四川省委書記劉奇葆。劉奇葆已多次檢查交代，檢舉周永康、令計劃等人的問題。劉處於邊工作邊接受審查的狀態，其活動受到限制。

　　該雜誌還曾披露，劉奇葆當時是劉雲山推薦、提名，劉雲山稱劉奇葆「黨性強、事業心強、組織領導能力強」。2014 年初，劉奇葆因涉及和周永康的不正常幫派關係、個人生活作風敗壞、利用職權在四川搞權錢交易等被責令邊工作邊檢查。劉雲山在中共政治局生活會上檢查稱：「一時政治上失察，聽從周永康的要求才提名擔保劉奇葆。」

　　有評論稱，哪怕習近平為保中共而暫時放過劉雲山，令其平安著陸，那劉奇葆也會成為劉雲山的替罪羊而被習拿下。

第四節

栗戰書再兼新職
取代劉雲山意味明顯

習近平的「大內總管」栗戰書再添新職，被視為將在中共 19 大接替劉的職務。（大紀元資料室）

栗戰書接替劉雲山 再現一徵兆

習近平的「大內總管」、中辦主任栗戰書，再添新職：國家功勛榮譽表彰工作委員會副主任，而主任是江派常委劉雲山。

5 月 18 日，中共黨和國家功勛榮譽表彰工作委員會第一次全體會議在京召開。在會議上，栗戰書以政治局委員、該表彰工作委員會副主任的身分現身，並傳達了習近平的重要指示。

外界注意到，作為習近平的「大內總管」、中辦主任栗戰書，已多次介入中共的文宣、黨建系統，而分管這兩塊的是江派常委劉雲山。

港媒 2016 年 2 月曾披露，栗戰書將在 2017 年的中共 19 大上，接替劉雲山的職務，掌管中共的文宣系統及黨建工作。台媒 2016

年 3 月也預測，栗戰書將在下屆入常，並居入常人選的首位。

栗戰書多次介入劉雲山的地盤

此前，栗戰書已多次介入中共文宣、黨建工作，接管劉雲山職務的徵兆明顯。

2016 年 4 月，海外中文媒體披露，栗戰書越過江派常委劉雲山直接向中共三大央媒高層下指令，布署宣傳活動。據稱，參加會議的央媒高層心中有疑但不敢多問。私下有高層指，因為巴拿馬文件已經涉及主管意識形態和宣傳輿論的江派常委劉雲山，所以中辦似是有意避開劉雲山而進行的。

2015 年 8 月 24 日，習近平當局批准建立「中央黨內法規工作聯席會議制度」，栗戰書主持第一次聯席會議並講話。中紀委、中組部等 14 家中共中央黨內法規工作聯席會議成員單位的有關負責人參加了會議。當時媒體分析認為，栗戰書此次執掌中共黨內的法規工作，擠掉負責中共黨建的劉雲山，破了常規。

2015 年 4 月 8 日，栗戰書破例超規格參加中共全國黨史研究室主任會議並講話。會上，栗戰書要求中共官員要學習習近平的相關論述。

2015 年 11 月 7 日，習近平與馬英九舉行兩岸分治 66 年後，兩岸領導人首次會面。中共央視多個頻道直播了「習馬會」。據消息披露，當時中共央視未安排現場直播演講實況，習近平得知後，隨即讓栗戰書致電主管文宣系統的江派常委劉雲山，責成央視必須現場直播「習馬會」。

中共江派常委劉雲山兼任中共中央黨校校長，負責中共黨

建、文宣系統工作。中共 18 大後，劉雲山不斷利用文宣系統與習近平對著幹，甚至扭曲、扣押習近平、李克強等人的講話等，劉雲山成了江派對抗習近平當局的前台人物。但當局也不斷削弱、清洗劉雲山主管的文宣系統，不斷收回文宣系統的權力。

習近平的「大內總管」栗戰書多次破例涉足劉雲山主管的黨建、文宣系統領域，替習發聲。外界傳出的栗將取代劉的職務，並非空穴來風。

第五節

劉雲山涉政變
傳被五名政治局委員彈劾

五名政治局委員聯署彈劾劉雲山

據香港《爭鳴》雜誌 6 月號披露，五名中共中央政治局委員包括中央政策研究室主任王滬寧、中組部部長趙樂際、國務院副總理馬凱、政法委書記孟建柱以及北京市 委書記郭金龍，聯署致信政治局，請求按程式舉行中央委員會特別會議或中央政治局擴大會議，討論、審議、解決政治局常委劉雲山職務上瀆職，並嚴重違背政治紀 律和政治規矩，大搞損害組織原則的活動等問題，並建議作出嚴肅處理。

聯署彈劾正式提出針對劉雲山罪狀及處理的 5 點建議：

1. 審查期間，暫停劉雲山的中共政治局常委、政治局委員、中央書記處書記、中央黨校校長、中央精神文明建設指導委員會主任等職務。

2. 責成劉雲山就自 18 大以來，尤其從 18 屆三中全會以來在中共黨內「非正常組織活動」作出嚴肅反思檢查。

3. 建議中央政治局、中紀委就劉雲山問題的交代、反思、認識及檢查等錯誤的性質，在中共黨內外及領導層所帶來的消極、惡劣影響和危害性給予嚴肅處理處分。

4. 就劉雲山擔任、主管中共中央書記處常務工作、負責宣傳工作期間的嚴重失責、瀆職展開調查，並根據調查、核實的材料啟動追究瀆職失責的機制。

5. 召開中央委員會特別會議或中央政治局擴大會議，討論及提交 18 屆六中全會審議作出處理。

劉雲山涉三重政變罪行

今年 3 月中旬，劉雲山對抗習近平的內幕被曝光。消息稱，劉雲山染指中共文宣、政法及黨務三大權力系統；其家族橫跨政治和財經兩大領域。三年來，劉雲山儼然成為中共黨內與習近平抗爭的權貴勢力的核心。

2012 年王立軍出逃美國領事館事件牽出薄、周政變內幕。2014 年 3 月，港媒《臉譜》雜誌披露，中南海已掌握薄熙來、周永康聯手政變的證據，其中包括一份最高規格的組閣名單。在這份名單中，劉雲山的名字赫然在列，將於政變成功後出任中紀委書記職務。

《大紀元》曾報導，薄、周試圖政變，從習近平手中奪權，是為了逃避江派血債幫殘酷迫害法輪功包括活摘器官罪行受到清算。此政變計畫由江澤民主導、曾慶紅主謀、周永康憑藉政法委

第二權力中央負責實施，聯合江系軍中勢力，意圖另立中央，廢掉習近平，推薄熙來上位，江系人馬為此蓄謀已久。但因王立軍出逃美國領事 館而全盤崩潰。

多方消息指稱，2015 年大陸 A 股股災是江澤民集團針對習近平的一場「經濟政變」；劉雲山父子是其中的操盤手。一方面，劉雲山掌控的新華網先後發布「救市 無效」、「崩潰再現！」等言論，在輿論上打擊股民對股市的信心；另一方面，通過劉樂飛在中信證券的關係，利用救市內幕消息，惡意操控股市。

事後，包括劉樂飛馬仔、中信證券總經理程博明在內的 11 名中信證券高管被帶走調查，中信證券總裁王東明亦被迫退休，劉樂飛被去職。

劉雲山是中共前黨魁江澤民提拔起來的人馬，中共 18 大後，劉雲山一直利用文宣系統的權力與習近平當局對著幹。去年以來，劉雲山主管的中共宣傳口對習近平不斷採取「文革」中塑造個人崇拜的方式進行吹捧。

4 月初，港媒盤點習近平當局面臨五大陷阱。其中，「個人崇拜陷阱」被曝是江派常委劉雲山針對習的「高級黑」，即「捧殺」。消息指，有人煽風點火「捧殺」，用心險惡地給習近平挖一個巨大的陷阱，要使習近平被沖昏頭腦而跌進去，這就是所謂的「高級黑」。

與「高級黑」相呼應，從今年央視春晚「佯頌陰損」，製造反效果開始；到企圖利用任志強事件，以網路「大字報」的形式發動第二次「文革」；再到兩會前夕江派 控制的新疆無界新聞，公開登載要習近平引咎辭職的「倒習公開信」；再到最近的北京「紅歌會」事件掀起「文革風」復辟思潮，可以視為主管中共意

識形態的江派 常委劉雲山發動的一系列「文宣政變」。

習回擊劉雲山 矛頭對準中宣系統

5 月 26 日，人民日報社旗下「人民論壇」官網高調推出關於「高級黑」的在線調查，列舉「高級黑」的種種表現及應對措施，其中包括對「高級黑」問責等，釋放強硬回擊劉雲山的信號。

據稱，習近平、王岐山在高層會議上稱反腐「攻堅戰」已經打響，「在 19 大前夕見分曉」。

2016 年 3 月，有消息稱，現在習、王的矛頭已開始對準中宣系統，中宣部長劉奇葆已確定年內下馬，將由習近平的舊部黃坤明接任。中宣系統有數名身居要職者將面臨雙規、調職或貶職是肯定的。「劉雲山會出一身冷汗！」該官員說，「沒有人可以擔保劉本人一定不出事。」

2015 年以來，習近平的「大內總管」栗戰書多次破例涉足劉雲山主管的黨建、文宣系統領域，替習發聲。外界傳出栗戰書將取代劉雲山的職務。

劉雲山參與三大政變

第十二章

王岐山對陣劉雲山
習設法破亂局

2016 年 6 月 8 日，王岐山主掌的中紀委通報中央巡視組反饋意見，炮轟中共江派常委劉雲山主管的宣傳口中宣部「五大罪狀」。王岐山公開對陣劉雲山，引國際聚焦；外媒稱之為「政治大地震前兆」。

王岐山公開對陣劉雲山，引國際聚焦。（Getty Images）

第一節

中紀委炮轟中宣部
王岐山對壘劉雲山

中紀委炮轟中宣部「五大罪狀」

2016 年 6 月 8 日，中紀委官網公布中央巡視組 2016 年第一輪專項巡視反饋情況。監察部長、巡視工作領導小組成員黃樹賢向中宣部主要負責人傳達了習近平關於巡視工作的講話精神。中央第一巡視組組長王懷臣向中宣部高層進行反饋時，歷數中宣部「五大罪過」，包括領導政治警覺性不高，落實中央決策布署有差距，選人用人工作不夠規範，廉政建設制度機制不健全，重點領域存在廉政風險，違反中央八項規定精神問題時有發生，存在一定程度的形式主義、官僚主義。巡視組還把一些涉及相關官員的問題反映，轉中紀委、中組部等處理。

王岐山在去年 10 月舉行的巡視工作動員布署會議上如是強調：「巡視是對黨組織和黨員領導幹部的巡視，是政治巡視不是

業務巡視。」此前中央巡視組的報告也從來不匯報被巡視單位的業務問題。

但巡視組對中宣部的反饋除了「五大罪狀」之外，提出的問題和意見罕見有不少涉及文宣具體主管的領域。如反饋稱，中宣部的「新聞宣傳針對性、實效性不強」，希望中宣部「牢牢掌握領導權、管理權和話語權，主動設置議題，及時發聲……」。這被外界視為中紀委「指點」中宣部工作。

更有意思的是政治局委員、中宣部長劉奇葆對巡視組意見的表態。劉對此只是泛泛一句話，「中宣部接受巡視反饋意見和整改建議」。相比之下，其他部門對巡視組的意見均顯得誠惶誠恐。如，廣電總局局長蔡赴朝對第一巡視組巡視意見表態稱，「……總局黨組誠懇接受、堅決整改」；工商總局局長張茅對第四巡視組巡視意見表態稱，「工商總局黨組一定虛心誠懇接受，深入反思檢查……」。

巡視組的反饋與劉奇葆的表態均火藥味濃厚，突顯習近平與主管宣傳口的劉雲山的矛盾激化；引發外媒聚焦。

美國之音6月9日引述港媒報導稱，中共宣傳部門主管意識形態薄弱「挨罵」。有輿論預測，中共高層內部可能很快出現「大地震」，習近平的政治障礙將被革職。劉雲山主持的中宣部系統，一段時間以來被認為對中央「陽奉陰違」，涉嫌「非組織活動」，用黑手「捧殺」習近平和彭麗媛。

BBC中文網的報導稱之為「政治大地震前兆」，報導指「這是中國高層不滿於中宣部工作不力將整頓中宣部的信號」。

法國廣播電台報導稱，中紀委批評中宣部的消息引發輿論諸多揣測，有香港媒體引述中共中宣部內部人士消息報導說，習近

平決意要整頓中宣部，很可能將「中央宣傳部」改名，同時考慮
對劉雲山和中宣部長劉奇葆這「二劉」做出適當處置。原因是習
近平已經意識到自他上台以來，江派常委劉雲山掌控的中宣系統
一直對其明褒暗貶、刻意扭曲，將習近平包裝成極左的「文革化」
形象，嚴重衝擊習近平施政。

中紀委設宣傳部 王岐山對陣劉雲山

中共兩會前夕，王岐山派15個巡視組進駐32單位與四省分。
其中，巡視中宣部的第一巡視組組員特別配備了四名副組長，包
括多次隨行王岐山的神祕人物施克輝，而其他巡視組都只有三名
副組長。

2月27日，第一巡視組召開對中宣部的巡視工作動員會；出
席者陣容強大，中央巡視工作領導小組成員、辦公室主任黎曉宏
出席並強調當局高度重視此次巡視。另外，其他被巡視的單位或
省分「一把手」幾乎都是主持會議者，也是進行表態發言者，唯
獨中宣部主持會議的是習近平浙江舊部、中宣部常務副部長黃坤
明，發言的是中宣部部長劉奇葆。

時政評論員周曉輝當時分析，習陣營兩會前夕啟動巡視，震
懾官場意味明顯；中宣部被特別針對，或預示主掌文宣的江派常
委劉雲山處境不妙；劉奇葆地位被弱化，中宣部在巡視後部長被
更換、甚至出現「大老虎」也絕不出人意料。

事實上，中紀委書記王岐山對陣主管文宣系統的江派常委劉
雲山由來已久。

中共18大以來，王岐山掌管的中紀委權力擴展，獨立性、

權威性加強的一個重要方面就是成立了宣傳部，由其親信肖培擔任第一任宣傳部部長。中紀委的官網「獨立」率先宣布許多重大案件和高級官員被拿下的消息。除了周永康、徐才厚這類頂級大案，常規案件的訊息，《人民日報》、新華社、中央電視台三大中共頂級喉舌，也只能守在電腦前不斷刷新中紀委官網而得知最新消息。

以往，中共所有涉及宣傳的重大事情、消息都歸中宣部管，「權威消息」都是由中宣部管轄的《人民日報》、新華社、中共央視根據上面的指示、定調而公布，有關案件必經中宣部審查，這是官媒的政治紀律。

然而王岐山打破了這一「鐵傳統」。中紀委網站「獨立自主」率先發布重要消息，令中宣部、三大頂級喉舌感到很被動，主管宣傳工作的大員們權力被削、被架空。中紀委網站實際已與劉雲山把持的中共宣傳口分庭抗禮。

不止如此，早在 2014 年底，有報導稱，王岐山在最近的政治局生活會上直言「宣傳腐敗比任何腐敗都要嚴重」。2015 年初，來自中紀委方面的消息稱，劉雲山在違反中共「黨的保密紀律」方面，被記錄在案，其「先後向蘇榮、徐才厚、周永康私下傳遞了調查程式裡所涉及的重點問題」。另有消息稱，去年 10 月，王岐山在政治局常委擴大會議上，公開指責劉雲山政治野心膨脹，破壞政治紀律和政治規矩，大搞陽奉陰違等活動。

習近平回擊劉雲山的「高級黑」

去年以來，劉雲山主管的中共宣傳口對習近平不斷採取「文

革」中塑造個人崇拜的方式進行吹捧。4月初，「個人崇拜陷阱」被曝是江派常委劉雲山針對習的「高級黑」，「捧殺」。消息指，有人煽風點火「捧殺」，用心險惡地給習近平挖一個巨大的陷阱，要使習近平被沖昏頭腦而跌進去，這就是所謂的「高級黑」。習近平已注意到這件事情的凶險，已對中宣部主管下令，明確要求：「不要叫我習大大」，吹捧他的東西要刪掉。

5月初，北京「紅歌會」等事件掀起「文革風」復辟思潮，被指是劉雲山針對習近平的「高級黑」行動。隨後，習近平批示栗戰書嚴肅查處，「紅歌會」事件相關報導被刪；官媒公開習近平關於「文革」是「十年浩劫」的言論；5月17日凌晨，官媒接連發文否定「文革」。

6月1日，被譽為中國「新啟蒙運動」旗手的前中宣部理論局副局長李洪林在北京病故。6月3日，與李洪林素有交往的葉劍英的養女戴晴，在回憶文章中稱李洪林是「思想理論文字高手」，其表現出了與鄧力群、劉雲山這些人「完全不同的特質」，她甚至直接將劉雲山等人稱為「廢物」，因為他們這種人「一邊在那下筆，一邊想的是自己落筆之後，能夠得到什麼樣的高位，能夠獲得什麼樣的賞賜」。

6月9日，中共外交部發言人洪磊就央視紀錄片頻道播出的關於2008年孟買爆炸案的節目中與官方立場相違背的問題，回答稱「紀錄片不代表中共政府立場。中方在反恐問題上的立場沒有變化」。

此外，在5月底，央視報導空軍飛行訓練時插播了兩秒的殲-10與殲-20的畫面，隨後有媒體解讀成為「殲20服役後，首次現身南部戰區」，接著還有報導聲稱其年產量高達14至18

架。對此，空軍在其官方微博上公開否認，稱殲 -20 尚未裝備空軍部隊。

外交部、軍方公開打臉文宣系統的重要喉舌央視，這是極為罕見的，而這恰恰透露了對於劉雲山的陽奉陰違、對習近平的「高級黑」，中共黨內各方都是一清二楚。

6 月 10 日，官媒發表以「解碼習近平的傳統文化情結」為題的文章，強調習近平重視中國傳統文化。這與之前，劉雲山以「文革」極左的手法包裝習近平的宣傳形成了強烈的對比；其實是在否定劉雲山用極左的手法包裝習近平。

上述一系列動作與中紀委的巡視反饋相呼應，習陣營正全方位回擊劉雲山的「高級黑」行動。

第二節

中紀委拍反腐電視
劉雲山被彈劾後詭辯

中紀委越過中宣部拍電視

據陸媒 2016 年 6 月 3 日報導，反映習近平、王岐山反腐的政治劇集《人民的名義》已於 6 月 1 日殺青。該劇由王岐山領導的中紀委主導，而不是由江派常委劉雲山主管的文宣系統主導，打破了過去都由中共中宣部及其廣電總局、文化部等主導的局面。

大陸反腐題材的影視劇因政治敏感性早在 2004 年被廣電總局突然下文整頓而淡出，為了樹立中共的所謂形象，官場的影視作品的潛規則是，反派人物不得高過副省級。但由中紀委主導的該劇將罕見出現「只聞其聲不見其人」的副國級巨貪。

其實，自習近平、王岐山上任反腐「打虎」以來，已拿下了江派一名正國級的周永康，四名副國級的郭伯雄、徐才厚、蘇榮及令計劃。周、郭、徐是中共前黨魁江澤民的心腹，蘇榮是江派

二號人物曾慶紅的心腹，令計劃是與江派大員周永康、薄熙來結成了政治同盟，涉嫌參與江派政變。

據陸媒披露，中紀委宣傳部到廣電總局和最高檢調研，希望最高檢加強反腐題材影視劇的創作和生產，廣電總局的任務是每年最少一兩部電影、最少兩三部電視劇，並且必須是精品。該影片是由最高檢影視中心專職副主任范子文牽頭的項目。

劉雲山被 5 政治局委員彈劾後詭辯

據香港《爭鳴》雜誌近期報導，以中共中央政策研究室主任王滬寧為首的 5 名中共政治局委員，聯署彈劾政治局常委劉雲山，要求審議、解決其「非正常組織活動」以及「瀆職」等嚴重違反政治紀律和政治規矩的問題。

據報導，劉雲山在此壓力下，分別在今年 3 月政治局常委會組織生活會上，以及 4 月下旬的中共政治局組織生活會上做了「自我檢查」。不過，劉雲山矢口否認自己有政治野心，也否認自己在中共黨內搞派系活動等等，只是將問題歸納到個人思想素質與工作能力差等等。

據稱，劉雲山的檢討主要有四點：一是承認對 18 大以來若干新精神、新政策、新要求的理解與認識，和政治局大多數委員有較大差距；二是對 18 大三中、四中、五中全會的決議和要求在貫徹執行上不力，有時存在「不自覺偏差」造成工作過失；三是對中共政治局安排分工負責的中央書記處日常工作有政治上判斷錯誤和偏頗；四是對所分工負責的宣傳、新聞系統、黨校黨務與共青團工作，因多方因素及個人能力水準等力不從心，患得患

失造成較大被動等。

　　有分析指，劉雲山的所謂「檢查」，一望可知通篇都是詭辯推脫之詞。

　　此前劉雲山也曾在黨內被強烈問責。港媒 2015 年 10 月曾經報導，9 月的中共中央政治局生活會及政治局常委擴大會議上，中紀委書記王岐山率先發炮，歷數劉雲山政治野心膨脹，破壞政治紀律、政治規矩，搞兩面三刀，陽奉陰違等活動。

　　時政評論員夏小強表示，習近平在軍隊拿下大老虎徐才厚、郭伯雄，並開始實行軍改、緊握住「槍桿子」之後，如今對習近平造成最大阻力的就是劉雲山掌控的「筆桿子」，因此習近平從劉雲山手中奪過「筆桿子」就成為當務之急。

　　夏小強認為，本次劉雲山被五名中共政治局委員彈劾，預示著劉雲山在任期內落馬成為最大可能，這不僅僅是打破了中共的慣例，也標誌著中國社會的大變局已經到來。從現在開始，劉雲山正式進入落馬的倒計時。

第三節

習近平激戰劉雲山
手抄黨章與高級黑內幕

5月16日，江西
南昌鐵路局李雲
鵬夫婦選擇在新
婚之夜抄寫黨章，
遭到網民砲轟這
是擺拍，被批假
得不能再假。（網
路圖片）

　　劉雲山作為中共中宣系統的最高負責人，他管轄的意識形態搞出的動靜，卻常常與習近平陣營的想法背道而馳。

　　2016年3月分在微信上發起的「手抄黨章100天」活動，演變成一荒誕鬧劇，在84天後草草收場。這項令公眾極端反感的活動是今年2月在大陸展開的「兩學一做」（學黨章黨規、學習近平系列講話，做合格黨員）活動的延伸。

新婚夜「手抄黨章」 遭網民調侃

　　5月16日，江西南昌鐵路局李雲鵬夫婦選擇在新婚之夜，開卷伏案，抄寫黨章，聲稱要給新婚之夜「留下美好記憶」。照片被當地黨組織上網大力宣傳。

該組照片被曝光後，迅速被網民炮轟，被批假得不能再假，部分民眾指「文革之風又在抬頭！」很多人不理解的是，新婚之夜，大喜的日子，這夫婦倆為什麼要抄黨章呢？什麼日子抄不好，非選在那個特別的日子？

有網民說：「這簡直就是違背人性。可憐的新人，成了愚昧領導宣傳作秀的演員。」另有網民表示：「顯而易見，新婚之夜抄黨章，是貌似創新實則老套的自我炒作。不過炒作者好像不僅僅是這對新婚夫妻，可能還有他們單位的政工幹部。」「炒作不怕，關鍵是要有點技術含量。」

也有人質疑這是擺拍，根據網上公布的幾張照片，網民分析其中存在不少細節問題。

「其一、右上照片中新娘的手上塗有指甲油，而右下照片中則沒有，這是不是意味著在抄黨章過程中，新娘還見縫插針洗淨指甲油？」

「其二，新婚夜抄黨章本是很私密的事情，當時為何還有人專門拍照？攝影師留在現場，拍得興起，影不影響小兩口共度良宵？」

還有網民藉此編出多首打油詩。也有的調侃人生四大悲：「洞房抄黨章，接站被嫖娼，久病逢莆田，金榜落他鄉。」

其實，這種極端的例子不止上述一例。5月14日，地方推送的視頻同樣令人啼笑皆非。據悉，新疆醫科大學第一附屬醫院的三位懷孕女員工，站在一排，拿著黨章擺拍，齊聲說：「學習黨章是最好的胎教。」幾個孕婦竟荒誕地把抄黨章和胎教扯在了一起。

對這些事情，網路上嘲諷、罵聲一片。

民工高院外「抄黨章」維權引熱議

不僅如此，「手抄黨章」迅速變味。5 月 23 日，一則江西工人「抄黨章討薪」的圖片消息在網上迅速流傳，20 多名頭戴安全帽的工人，圍坐在江西省高級法院門口抄寫黨章，背後還拉著一張條幅，上面寫著「抄寫黨章 100 天，敦促郭兵副院長做合格共產黨員」。

中共官方對此行為非常不滿，不但將這起事件定性為「非法鬧訪」，還將「抄黨章維權」行動的兩名發起人治安拘留 10 天。當局這一做法立刻引發網路熱議。

自由撰稿人朱欣欣表示，抄黨章是中共搞的一種形式主義，被民間用來維權，這充分反映了民間的聰明智慧，與中共的鬥爭越來越機智、巧妙。

民眾藉「抄黨章」諷刺中共

「手抄黨章」在民間又進一步變成諷刺中共的段子，網民們把「抄黨章」和淫亂劃上等號，「剛才經過火車站，一個大姐曖昧地問我，『帥哥，一起抄會黨章不，價格不貴，包你滿意！』」更有網民諷刺稱，足療店裡最貴的項目就是「手抄黨章」。

顯然，「手抄黨章」活動已完全脫離了中共的原意，變成了一種民眾用來調侃中共和表達不滿的手段。

北京維權人士胡佳表示：「在那對所謂『新婚夫婦』抄黨章以後，網民確實有很多很多的惡搞。就是一種形式主義加諂媚的東西，居然能作為中共地方上一個典型來宣傳，向上邀功。若以

正常人思維來看，這個東西，太可笑了，太虛偽。」

抄黨章引反感 習被「高級黑」

文化觀察員傅桓 5 月 25 日發表評論文章〈盛世抄黨章〉，針對江西民工法院外「抄黨章」表示：「紅彤彤的黨章，與叼著煙的民工形成鮮明對比，其中反映出的荒誕與黑色幽默，深為大眾同情。抄寫黨章，引起的不是對黨的愛，而是藉著它來表達控訴，也是抄黨章倡議未曾想到的。」

他進一步認為，這個事有多重解讀角度，其一是抄黨章從體制內的獻媚、形式主義做派，受到了民間智慧的解構，進而產生了奇異的嘲諷效果。

5 月 26 日，媒體人蘭江在東網發文〈中共黨建娛樂化 抄寫黨章淪笑柄〉。蘭江認為，中共不徹底剷除黨內腐敗問題，要黨員重拾信仰，提高素質，增強黨性，靠「抄寫黨章」根本就難有成效，只能淪為笑柄。

遼寧師範大學教授木然在同一天發表的評論文章〈新婚之夜抄黨章為何引起輿論不滿〉中表示，「在文革時期，人們的所有生活都政治化，所有的政治也都生活化。那個時期的結婚證，也要寫上革命的語言和毛主席語錄。現在的抄黨章也是生活政治化、政治生活化的表現方式。人們痛恨文革，自然也就痛恨新婚之夜抄黨章。」

「把官員的權利關進人人得以參與構建的制度的籠子裡，這就必須重新啟動政治體制改革，而抄黨章是解決不了這些問題的。抄黨章甚至不但解決不了黨內的問題，而且還會讓黨章流於

抄寫的形式，無功而返。」木然說。

時事評論員李林一表示，這或許就是劉雲山「高級黑」的用意所在，即用一個極端的例子引發民眾極度反感。只要在中共體制下，習近平做的任何事都會被對手以極端、中共內部的做法抹黑，並引發當局與民心向背，這種例子已非首次。

劉的「兩學一做」激怒習近平

香港《爭鳴》雜誌 5 月號的文章稱，「兩學一做」活動是劉雲山發起的一項針對習近平的策略。文章說，4 月 6 日，習近平對這個活動表達不滿並作出批示，指該活動「要突出問題導向，帶著問題學」。

文章表示，讓習憤怒的是，學習習近平的系列重要講話作為「兩學」當中的「一學」，被要求與江澤民的「三個代表」等結合起來。

文章引述消息人士的話透露，習訓令各級黨組織「要突出問題導向」。習所說的「問題」當然不是「兩學一做」文件所羅列的各級黨組織現存的五大問題，諸如「對共產主義缺乏信仰」等。

由於劉雲山的攪亂，現在的國內情狀是中下層官場開始摸不著頭腦，其中最重要的一點是「不管怎麼學習，就是摸不清中央的真實意圖」。

中共中央國家機關最先表態支持「兩學一做」的是國資委。4 月 6 日下午，該委成立了「『兩學一做』學習教育協調領導小組」，由黨委書記張毅任組長，下設「直屬機關和中央企業辦公室」。

文章分析，政治局層面不設領導小組與辦公室而國家部委

設，豈非咄咄怪事？更奇怪的是，四川省沒有設省級領導小組與辦公室，而南充市下轄的西充縣，其縣法院卻設立了小組與辦公室。對此，成都一位正廳級官員（私下）搖頭說：「搞不懂，也不想搞懂。盼著下半年提前退休就是了！」

習劉激戰 國資委被批

國資委最先表態支持「兩學一做」，之後被巡視組批得最重。

6月2日，中央巡視組向第九輪巡視的中央機構反饋情況，公認被點名最重的是國資委。國資委被巡視出的諸多問題中，被批得分量最重有兩大問題，第一個問題是機構的問題，「推進國資國企改革進度較緩，改革系統性、針對性、時效性不夠強」，「實施監管有欠缺，存在越位、錯位、不到位等問題」。

香港《經濟日報》評論認為，這個問題看似批得柔和，實則板子要打下來會很重，特別是國企改革不力的問題，結合最近國企瘋狂造地王，已令中央高層領導很生氣。

國資委的另一個問題，是其「奢靡享樂斂而未絕，違反中央8項規定精神問題仍然存在，廉潔奉獻形勢嚴峻複雜，以權謀私、違規兼職取酬等問題突出。」

評論認為，板子打得直截了當，官場風聲說不出一個月，國資委將有副部級官員被「雙規」。

「手抄黨章」未足百日「腰斬」

「手抄黨章」在變味之後，連中共體制內專家也承認變成了

形式主義。

中共國家行政學院的竹立家教授在接受媒體採訪時承認：抄黨章是「一些地方、一些部門的不正當行為，搞一些形式主義，這種做法是不提倡的」，「民眾反感很正常」。

發起「手抄黨章100天」活動的「學習小組」在5月23日這一天，其相關的專題內容已悄然隱匿。至此，進行了84天的「手抄黨章」活動草草收場，改為「學習習近平系列講話」。外界分析認為，可能是習近平叫停了這個活動。

文宣系攻擊蔡英文被叫停

等到了6月8日，中央巡視組公布巡視結果，對中宣部提出嚴厲批評。由於一些用詞較為罕見，海外媒體將其稱之為「炮轟」，還有媒體認為這是「政治大地震前兆」。分析認為，針對劉雲山文宣系統的「高級黑」做法，習近平當局頻頻反擊，一場政治風暴正在來臨。

5月23日，習近平離開北京，前往黑龍江考察。習前腳剛走，文宣系便開始搞亂。24日，中共喉舌新華社旗下的《國際先驅導報》刊發題為〈起底蔡英文〉的文章，攻擊台灣新上任的總統蔡英文，稱蔡是單身，「她沒有愛的情感拖累，沒有『家』的掣肘，沒有子女的牽掛，在政治上的行事風格與行事策略，往往偏向情感化、個性化、極端化發展」，並用文革式語言攻擊蔡英文有「蔡式台獨路線」。

該文隨即招來一片批評聲。

有網民表示：「如果說蔡英文做事極端，也沒有證據說是因

為單身才極端，結了婚的極端分子還不是比比皆是。」還有的民眾質問：「人家南韓領導人也是單身女性你怎麼不說？」「中國的前副總理吳儀也是單身，不知道新華社怎麼看？」

也有留言稱：「中共拉開架勢了，一幅潑婦罵街的言語，流氓的傳統難改啊！」

據悉，該文由新華網率先轉載，結果隔天即被全面刪除。

海外的「中國數字時代」網站 5 月 25 日披露，中共文宣系統下了通報，要求大陸媒體把轉載新華網題為〈起底蔡英文〉的文章，立即刪除。

通報承認，該文措辭不當，加上部分媒體轉載時命題聳動，造成不良輿論影響，以後一段時間內（先執行後待通知），凡涉及兩岸重大時政議題稿件，必須由媒體負責人先行審閱後發布。

時政評論員石久天表示，〈起底蔡英文〉等文章的很可能是劉雲山又一起攪局動作。下令刪文的命令應該來自對台工作小組負責人習近平。

《環球時報》再黑蔡英文

〈起底蔡英文〉被叫停的同時，5 月 25 日，中共喉舌《環球時報》又發表題為「蔡英文因太想取悅美國人而出醜」的社評，文章稱蔡英文 24 日會見美國商務部助理部長賈朵德時「說中文有困難」，並稱蔡英文想取悅美國，在會見美國官員時緊張到連母語都忘了的程度。

而相關對話實錄顯示，蔡英文只是表示，用中文說賈朵德的名字有困難。

　　《環球時報》文章一出，遭到了台灣民眾的質疑。

　　台灣網民反問：上任第五天，蔡英文就不會說中文了？蔡英文說中文有困難，難道她平常跟「國人」都說英文？開會時也用英語開會？

人民論壇網在線調查「高級黑」

　　在上述兩篇文章發表後，人民日報社旗下《人民論壇》雜誌官網於 5 月 26 日，在其首頁置頂推出〈【獨家調查】「高級黑」，究竟如何識別？〉。

　　文章首先說：近年來網路上興起一個詞——「高級黑」，意思是用高等、文明、幽默的語言來「黑」某個事物。比如，表面上聽著是在誇你，實際起到的效果是害你；看起來對你絕對忠心，實際上是捧高捧你；聽著是在客觀地指出你的缺點，實際上是在惡意中傷你……

　　在線調查具體包括 12 個問題，涉及「高級黑」的主要表現、特點、手法、抹黑對象、傳播主體、傳播管道、傳播主體及其心態、涉及領域、後果，以及如何應對等。

　　相關問題，如「現實中高級黑的主要表現」、「高級黑的主要手法」、「高級黑現象當如何應對」等，每個問題之下，詳細列舉多個選項，供網民進行多項選擇。

　　諸多大陸媒體及網路轉載報導時稱，從這些選項可以看出，問卷設計者對「高級黑」自有其判斷。

　　時事評論員李林一表示，自前述兩篇攻擊蔡英文的文章出現後，《人民論壇》隨即出現「高級黑」的調查，這絕非偶然。而

且那兩篇攻擊性文章的內容也符合調查列舉的「高級黑」表現手法，這應是習近平陣營強硬的回擊。

「慶親王」作者發文影射劉雲山

巡視組對中宣部發表巡視意見後的 3 天，即 6 月 11 日，官媒微信公號「俠客島」節選轉發了「慶親王」作者習驊《中國歷史的教訓》一書中的部分內容。文章描繪了一個清朝揣測上意的官員曹振鏞，並指其諡號是「文正」，還用了一張圖稱此人「無恥」。

在具體描寫了多個曹振鏞如何「高級黑」的例子後，文章寫道，更絕的是，即使釀成天大的禍事，也追究不到曹振鏞這類「巧官」，自有「一把手」負責。直到好處都歸了奸臣，惡名都歸了皇帝。

時事評論員石久天說，隨著 6 月 8 日中紀委炮轟中宣部，3 天後官媒又登出抨擊清朝官員「高級黑」的文章，習近平對文宣的大動作恐怕近在眼前。

傳中宣部「大換班」

3 月 12 日，北京接近中南海的消息人士對海外媒體表示，中宣部長劉奇葆已確定年內下馬，由習近平舊部黃坤明接任。中宣系統整個架構要調整。

據悉，習近平已將主管意識形態的中宣部視為清理的對象。原因在於現主管宣傳部門的負責人不能準確地領會和詮釋習的思

想，甚至有意扭曲誤導，經常讓習近平「背黑鍋」。

消息人士指，今年秋的六中全會前，對中宣部的調整將要首先完成。

時政評論員夏小強表示，劉雲山掌控的宣傳系統，與習近平當局的施政發生著嚴重的對立。在中共封閉、僵化、變異的體制下，習近平當局任何嘗試變革的行動，都會觸動體制內利益集團和江派勢力的抵抗。

第四節

劉雲山用常委制作梗
習設法破亂局

習外訪 8 天 中宣系連挖數坑

2016 年 6 月 24 日下午，習近平結束對歐亞三國的國事訪問後返回北京。在習近平出訪的 8 天中，中共江派常委劉雲山控制的中宣系接連興風作浪，釋放極左言論。之前 4 月 19 日，習近平在網絡安全和資訊化工作座談會上提出，網信事業發展要以人民為中心；對廣大網民，要多一些包容和耐心，釋放出言論鬆綁的信號。

6 月 19 日，中共廣電總局副局長田進在黨媒《人民日報》發表評論文章，稱要嚴肅處理跟風炒作社會熱點話題、調侃國家政策的節目。

同時，網上還流傳廣電總局發出的《關於大力推動廣播電視節目自主創新工作的通知》，該通知要求收緊境外節目播出。

6月19日至20日，劉雲山突然現身上海考察。官媒報導稱，劉此行的主要目的是「摸底上海高校師生的思想狀況，考察上海的黨組織建設」。劉雲山在考察復旦大學等學校時聲稱，要按照「又紅又專」的要求培養「黨的接班人」。

6月21日晚，中共網信辦副主任任賢良主持全國跟帖評論專項整治視頻會議，聲稱要加強監管，集中清理跟貼內容等。

其實，劉雲山一直在利用中宣系統給習近平製造麻煩。僅今年已發生「春晚」的「文化政變」、中宣炒作「黨媒姓黨」，文革發生50周年前在人民大會堂召開「紅歌會」等高級黑事件。

幾件事發生很「湊巧」 均涉中宣

《大紀元》記者觀察發現，在習近平外訪期間及前後發生的事件，頗有「湊巧」的成分，中宣系也牽涉其中。

《大紀元》記者觀察發現，在習近平外訪期間及前後發生的事件，頗有「湊巧」的成分，中宣系牽涉其中。（大紀元製表）

習近平外訪前6月14日，中國著名維權律師高智晟女兒耿格在香港立法會召開新書《2017年，起來中國——酷刑下的維權律師高智晟自述》發布會。該書大膽預言中共2017年敗亡，引外界的很大關注。

6月16日，香港銅鑼灣書店店長林榮基忽然舉行的記者會向媒體披露自己被捕和被帶往寧波扣留的過程。一下成為媒體的新聚焦點。

同日，親江派中共官媒《環球時報》發表評論文章，反駁高智晟預言中共「將在2017年完結」一書，結果卻引來眾多大陸

習近平外訪歐亞三國 前後「巧合」事件

時間	烏坎村事件	香港銅鑼灣書店事件	中宣系統舉動
2016/6/15	廣東烏坎村民委會主任、村書記林祖戀在社交媒體上公開向東海鎮政府提出上訪申請。並計畫在19日發起村民大會準備集體上訪。		
2016/6/16		香港銅鑼灣書店店長林榮基忽然舉行的記者會向媒體披露自己被捕和被帶往寧波扣留的過程，並提到「中央專案組」。	《環球時報》發表評論文章，反駁中國著名維權律師高智晟預言中共「將在2017年完結」一書，引來眾多大陸網民揶揄。
2016/6/18	林祖戀凌晨被警方強行帶走。	香港泛民主派、支聯會成員及大批港人發起遊行。	
2016/6/19	上千名烏坎民眾在仙翁戲台前聚集、遊行，要求當局釋放林祖戀，並呼籲當局歸還村民被強占的耕地。	林榮基接受BBC採訪時又改口，給親共者留下攻擊的破綻，使泛民措手不及。	中共廣電總局副局長田進在黨媒《人民日報》發表評論文章，稱要嚴肅處理跟風炒作社會熱點話題、調侃國家政策的節目。
		林榮基在接受新加坡傳媒Channel NewsAsia訪問時，表明支持香港獨立。	網上流傳廣電總局發出的《關於大力推動廣播電視節目自主創新工作的通知》，該通知要求收緊境外節目播出。
		親共港媒報導專訪林榮基女友、店員呂波及張志平指責林榮基。	劉雲山突然現身上海考察。官媒報導稱，劉此行的主要目的是「摸底上海高校師生的思想狀況，考察上海的黨組織建設」。劉雲山在考察復旦大學等學校時聲稱，要按照「又紅又專」的要求培養「黨的接班人」。
2016/6/20	《環球時報》發表社評論，指責有輿論將烏坎事件「朝政治方向定性」，外界「鼓勵對抗、為激進鼓掌」。	《環球時報》又再度發表評論，並威脅內地公安可通過香港警方將林榮基「抓拿歸案」。	
	林祖戀在電視上「認罪」。	林榮基兒子回大陸「佐證」中共「依法治國，文明開放」，還稱自已「愛國愛港」。	
2016/6/21	汕尾市委市政府在記者會上點名大批評外媒在烏坎村內進行「煽動、策劃、導演」。有傳聞指廣東省中宣部發出指示，對「激化矛盾」的外媒將嚴格處理，甚至逮捕並取消入境資格。		中共網信辦副主任任賢良主持全國跟帖評論專項整治視頻會議，聲稱要加強監管，集中清理跟貼內容等。

網民揶揄和對高智晟的新書關注。之前，《環球時報》挑起的香港「蘭蔻事件」還未完全平息。

6 月 18 日凌晨，廣東烏坎村民委員會主任、村書記林祖戀被警方強行帶走。之前 6 月 15 日，林祖戀在社交媒體上公開向東海鎮政府提出上訪申請，並計畫在 19 日發起村民大會準備集體上訪。烏坎村在 2011 年曾反抗村官貪腐，逼迫中共接受「一人一票」選舉村官，是一個民間爭取普選的典型。

6 月 19 日，香港銅鑼灣書店事件劇情出現反轉。林榮基接受 BBC 採訪時改口，稱李波未有直接提及非自願被人帶走，並稱自己有此說法是「好明顯，在語氣上聽得出」。給親共者留下攻擊的破綻。劇情的突變，使泛民措手不及。當天，林榮基在接受新加坡傳媒 Channel NewsAsia 訪問時，表明支持香港獨立。親共港媒報導專訪林榮基女友、店員呂波及張志平指責林榮基。

6 月 20 日，《環球時報》對烏坎村維權事件和香港銅鑼灣書店事件發表評論指責。同日，林祖戀在電視上「認罪」。林榮基兒子回大陸「佐證」中共「依法治國，文明開放」，還稱自已「愛國愛港」。

6 月 21 日，汕尾市委市政府在記者會上點名批評外媒在烏坎村內進行「煽動、策劃、導演」。有傳聞指廣東省中宣部發出指示，對「激化矛盾」的外媒將嚴格處理，甚至逮捕並取消入境資格。

過往習外訪時 江派均在背後作亂

習近平落實軍隊改革之前，江派在習近平外訪也是多次給習近平製造麻煩，甚至謀劃政變。

2013 年 6 月 7 日至 8 日，習近平上台後第一次訪問美國。在這之前 6 月 5 日，中情局的前僱員斯諾登逃到香港向英國《衛報》和美國《華盛頓郵報》洩密，爆出美國的「稜鏡計畫」內幕。

2014 年 9 月 17 日，習近平訪問印度當天，有 800 名中共軍人突然進入中印邊境實控線印方一側 3 公里處駐紮，這讓習近平非常難堪。接著習近平回國後的 10 月 27 日，前軍委副主席徐才厚案傳移送軍事司法審查起訴。

2015 年 3 月，習近平出訪巴基斯坦。江澤民、曾慶紅再次聯合謀劃政變，企圖採用中共當初廢黜胡耀邦的模式，在政治局「生活會」上按所謂中共黨內程式罷免習近平。胡錦濤、李瑞環等前常委斷然拒絕，其他退休高層們紛紛退出，更先後通過中辦向習近平告密輸誠，致使江澤民的政變計畫流產。

2015 年 9 月中，習近平訪問美國前，中共國安布署下的駭客組織在 6 月初襲擊美國聯邦人事局電腦資料庫，盜取了數百萬美國政府現任和前任僱員資料。習近平訪美前不得不安排孟建柱作特使訪問美國商談。

劉雲山借常委制作梗 習意圖打破

哥倫比亞大學政治學博士、中國問題專家李天笑分析認為，最近劉雲山通過中宣系給習近平作梗，是利用了中共常委制中常委各管一攤的漏洞。雖然習近平目前集中了很大的權力，但是這個舊有體制還在，原來的運作還是這樣。劉雲山在中宣系還有一定的話語權。

李天笑表示，習近平軍隊改革後，劉雲山也只能利用中宣搞

點小動作。這顯示江派無法挽救覆滅的命運，有如飛蛾撲火卻也要死撐到底。習近平的一系列動作意在破局。

其實，今年外界一直流傳習近平將在中共 19 大上取消常委制，改為總統制的消息。

早在今年 3 月底，中共國家行政學院教授汪玉凱接受外媒採訪時已透露，中國未來可以由國家主席制變為總統制。

清華大學社會學系教授、博士生導師孫立平曾刊文稱，中共的「集體領導制」導致內鬥不止，並提出最有效的體制是代理關係明確前提下的首長負責制。

另有消息說，是否取消中共常委制是今年北戴河會議的議題之一。有接近中共高層的人士透露，如果習近平在北戴河會議能頂住來自各方的壓力，強勢主導人事布局，那今秋的六中全會，乃至明年的 19 大，就有可能循序推進取消政治局常委制。

中國大變動系列 **045**

劉雲山參與三大政變

作者：王淨文 / 季達。**執行編輯**：張淑華 / 韋拓 / 陳美生。**美術編輯**：林彩綺。**出版**：新紀元周刊出版社有限公司。**地址**：香港荃灣白田壩街5-21號嘉力工業中心B座3樓25。**電話**：886-2-2949-3258 (台灣) 852-2730-2380 (香港)。**傳真**：886-2-2949-3250 (台灣) / 852-2399-0060 (香港)。**Email**：newepochservice@gmail.com。**網址**：shop.epochweekly.com。**香港發行**：田園書屋。**地址**：九龍旺角西洋菜街56號2樓。**電話**：852-2394-8863。**台灣發行**：高見文化行銷股份有限公司。**地址**：新北市樹林區佳園路二段70-1號。**電話**：886-2-2668-9005。**規格**：21cm×14.8cm。**國際書號**：ISBN978-988-13960-6-8。**定價**：US$29.98。**出版日期**：2016年9月。

新紀元
NEW EPOCH WEEKLY